会社別就活ハンドブックシリーズ

2025

清水建設の
就活ハンドブック

就職活動研究会 編
JOB HUNTING BOOK

は じ め に

　2021年春の採用から，1953年以来続いてきた，経団連（日本経済団体連合会）の加盟企業を中心にした「就活に関するさまざまな規定事項」の規定が，事実上廃止されました。それまで卒業・修了年度に入る直前の3月以降になり，面接などの選考は6月であったものが，学生と企業の双方が活動を本格化させる時期が大幅にはやまることになりました。この動きは2022年春そして2023年春へと続いております。

　また新型コロナウイルス感染者の増加を受け，新卒採用の活動に対してオンラインによる説明会や選考を導入した企業が急速に増加しました。採用環境が大きく変化したことにより，どのような場面でも対応できる柔軟性，また非接触による仕事の増加により，傾聴力というものが新たに求められるようになりました。

　『会社別就職ハンドブックシリーズ』は，いわゆる「就活生向け人気企業ランキング」を中心に，当社が独自にセレクトした上場している一流・優良企業の就活対策本です。面接で聞かれた質問にはじまり，業界の最新情報，さらには上場企業の株主向け公開情報である有価証券報告書の分析など，企業の多角的な判断・研究材料をふんだんに盛り込みました。加えて，地方の優良といわれている企業もラインナップしています。

　思い込みや憧れだけをもってやみくもに受けるのではなく，必要な情報を収集し，冷静に対象企業を分析し，エントリーシート作成やそれに続く面接試験に臨んでいただければと思います。本書が，その一助となれば幸いです。

　この本を手に取られた方が，志望企業の内定を得て，輝かしい社会人生活のスタートを切っていただけるよう，心より祈念いたします。

就職活動研究会

Contents

第1章

清水建設の会社概況

会社によって選考方法は千差万別。面接で問われる内容や採用スケジュールもバラバラだ。採用試験ひとつとってみても，その会社の社風が表れていると言っていいだろう。ここでは募集要項や面接内容について過去の事例を収録している。

また，志望する会社を数字の面からも多角的に研究することを心がけたい。

子どもたちに誇れるしごとを。

**"進取の精神"で、
事業構造・技術・人財におけるイノベーション、
DX への取り組みを加速、
時代を先取りする価値を創造していきます。**

当社は、1804 年、江戸時代に創業し、その後の激しい時代を乗り越え、今年 220 年を迎えようとしています。この長い歴史の中で受け継がれてきたのが、創業者の清水喜助が大切にした「誠実なものづくり」への高い志と、「顧客第一」という考え方をベースにした時代を先取りしチャレンジし続ける"進取の精神"です。

当社は、長期ビジョン「SHIMZ VISION 2030」の実現に向けて、中期経営計画〈2019-2023〉を新たな収益基盤の確立に向けた先行投資期間と位置付け、さまざまな投資を行うとともに、DX への取り組みを推進してきました。現中期経営計画の最終年度となる今年度は、先行投資を通じて強化してきた事業基盤のもと、次期中期経営計画も見据えた事業活動を行っていきます。

また、現中期経営計画の基本方針で標榜した「ESG 経営の推進」については、事業活動を通じて社会的責任を果たすことで、ステークホルダーの皆様からの信頼を高めるとともに、中長期的な企業価値向上と持続的な成長の実現に向けて取り組んでいきます。

従来から当社はさまざまな人財が活躍できる環境づくりに取り組んできましたが、2023年 9 月より、東京都江東区潮見に、イノベーションと人財育成の拠点として「温故創新の森 NOVARE（ノヴァーレ）」をオープンしました。研究施設、体験型研修施設、歴史資料展示施設などで構成され、建設ロボットや構造・材料などの生産技術革新や先端技術開発、ものづくり人財の育成、技術の伝承の場として運用し、長期ビジョンで掲げた事業構造・技術・人財の三つのイノベーションを加速させていきます。

当社グループは、長期ビジョン「SHIMZ VISION 2030」で掲げている「スマートイノベーションカンパニー」を目指し、"進取の精神"のもと、変革・挑戦を続けていきます。「レジリエント」「インクルーシブ」「サステナブル」な社会の実現に向けて、時代を先取りする価値を創造することで、清水建設の新たな歴史をつくっていきたいと考えています。

一つひとつのしごとに情熱を注ぎ、子どもたち、さらにその先の子どもたちの時代に価値ある建造物や事業を築いていく。それが私たちシミズの「子どもたちに誇れるしごと」です。

2023 年 9 月
清水建設株式会社
取締役社長　井上　和幸

✔ 会社データ

本社	〒104-8370 東京都中央区京橋二丁目16番1号 TEL.03-3561-1111（代表）
取締役社長	井上 和幸（いのうえ かずゆき）
資本金	743.65億円
創業	1804(文化元)年
従業員数	10,845人（2023年3月31日現在） 連結従業員数は、19,869人
連結売上高	19,338億円（2022年度）
国内 ネットワーク	47都道府県　85ヵ所（12支店・73営業所）
事業内容	建築・土木等建設工事の請負（総合建設業） 建設業許可：国土交通大臣許可 （特-1）第3200号、（般-1）第3200号

✔ 仕事内容

新たなプロジェクトを発掘・進行する仕事

営業

営業は、お客さまのニーズ収集から市場動向の調査・分析、工事発注に向けた戦略の企画立案、社内各部署との調整まで、多岐にわたります。お客さまにとって、建設工事は数億、数十億円ともなる大きな買い物。しかも、建設業の場合、建造物が完成してから購入できるわけではありません。だからこそ、商談時にはまだイメージしかない建造物が、最終的に最高の「カタチ」となるよう、常に全力を尽くします。

しかし、営業の手法は、唯一無二。一人ひとりの営業担当者が、自らの個性を武器にお客さまとの信頼関係を築いています。一方で、長年かけて構築した信頼関係をしっかりと次世代につないでいくのも大切な仕事。特筆すべきは、建造物のお引渡しが済み、お客さまから「ありがとう、また頼むよ」と言われた時の充実感でしょう。それこそが、営業の最大の喜びと言えるかもしれません。

不動産開発

投資開発本部は、おもに投資用不動産を開発し、運営および売却することで収益を獲得する部門です。おもな投資対象は、オフィスビルや住宅（マンション）、商業施設、物流施設など。案件組成スキームは、当社単独での現物（土地や建物）取得から、特定目的会社への出資まで、多岐にわたります。また、取引先を中心に、不動産開発を通じた幅広いソリューション提案も積極的に実施。設計や施工に加え、新規案件情報の収集やリスク管理まで手掛けるため、当社の総合力を結集した部門のひとつといえるでしょう。

開発計画・不動産開発

「開発計画」は、（1）首都圏などに見られる大規模な都市再生事業、（2）大規模工場跡地などの土地有効活用、（3）PFIなどの公民連携型複合開発、（4）市街地再開発事業や共同ビル・マンション建替えおよび多彩な開発プロジェクトの企画・計画立案、および推進です。また「不動産開発」は、オフィスビルや住宅（マンション）、商業施設、物流施設などの投資用不動産を開発し、運営および売却することで収益を獲得する仕事。案件組成スキームは、当社単独での現物（土地や建物）取得から、特定目的会社への出資まで、多岐にわたり

ます。

どの案件も複雑な条件が絡み合っており、特定のお客さまだけでなく、各関係者との調整も必要になります。そのため、営業、設計、施工、技術・エンジニアリング、投資開発など、関連部署と連携を図り、全社を挙げた総合的なソリューション提供が求められます。つまり、「開発計画・不動産開発」は、自ら土地利用・交通・事業方式などのプランニングや関係者調整シナリオを検討すると同時に、社内外連携の中核を担っています。

最新の建設技術やソリューションを提供する仕事

土壌環境エンジニアリング

土壌環境エンジニアリングは、土壌汚染の対策における初期の相談から、土壌の調査・対策・保全、そして土地活用にいたるまでの一貫したサービスを提供します。法律や条例に関する情報をはじめ、汚染物質の化学的・物理的特性、浄化技術、施工時の安全性など、多様な知識と経験が必要となります。そして、環境、土木、化学などの専門的なバックグラウンドを持ったエンジニアたちが一丸となってプロジェクトを進めます。若手社員も、早い段階から責任のある仕事をまかせられます。この仕事の醍醐味は、プロジェクトの初期段階から土壌の浄化完了までのプロセスに一貫して携わることができることと、お客さまや職人さんなど、幅広い人々と関わりを持ちながら、さまざまな技術的課題に対して一緒に挑戦していけることにあります。

プラントエンジニアリング

プラントエンジニアリングは、化学品・医薬品・食品工場など、さまざまな分野のプラント（生産設備）の建設に携わり、営業から設計、施工、試運転、メンテナンスまで、一貫した業務を行っています。活躍の場も国内・海外を問わず、幅広い分野の仕事を経験することができます。スタッフも若い技術者が多く、化学工学、機械工学を学んだ人から、電気・制御工学、環境工学を学んだ人まで、さまざまな人財が活躍中です。若いうちから主体的にプロジェクトに参加し、全体をまとめていくという、責任ある仕事をまかされることも少なくありません。それは、建設会社である当社のエンジニアリングだからこそ味わえるやりがいです。自らプロジェクトをまとめていくことでマネジメントの手法を学ぶことができ、プラントができあがっていく様子を肌で感じることもできます。完成時には、このうえない達成感を得られるでしょう。

新エネルギーエンジニアリング

新エネルギーエンジニアリングは、太陽光発電（メガソーラー）や風力発電（陸上・洋上）を中心に再生可能エネルギー分野の発電施設の建設に携わり、企画・提案から設計、施工、メンテナンスまで一貫した業務を行っています。電気・電子、機械、土木の専門分野を持ったエンジニアたちが技術、経験、知恵を結集して、プロジェクトをチームワークで創り上げていきます。今後、可能性が広がる分野であり、海洋エネルギー、地熱・バイオマス・小水力発電などに取り組み、その可能性を追求していきます。プロジェクトは、全国各地、多種多様であり、新たな挑戦の連続です。エンジニアにとってやりがいと達成感が大きい仕事です。プロジェクトを支える技術力、マネジメント力に加え、チャレンジ精神や開拓精神が求められる職種です。

情報エンジニアリング

情報エンジニアリングは、IT 技術を展開し建物に付加価値サービスを提供しています。その高い技術力が評価され、建設業では唯一、経済産業省からシステムインテグレータの認証を取得しています。電気・電子・情報・システム・機械などの工学分野を学んだ情報エンジニアたちが「IT で施設価値を高めるには？」「地球にやさしい施設は？」などを、常に考えながら働いています。実際に取り扱うシステムは、ビル管理システム、セキュリティシステム、ネットワーク＆マルチメディア、さらに物流システムや工場内搬送システムなど、多岐にわたります。長年培われた建築技術と最先端の IT 技術との融合により、提案から設計、さらには施工やメンテナンスまで最適なシステムを提供するのが当社ならではの情報ソリューション。お客さまのニーズに合わせて提案したシステムは、この世に二つと同じものが存在しません。そのため、やりがいはとても大きなものです。

建築技術（生産技術）

建築技術（生産技術）スタッフには、3 つの役割があります。1 つ目は、プロジェクトのサポート。大規模な工事や技術的に難易度の高い工事では、綿密な計画の作成がプロジェクト成功の鍵となります。目標は、より安全で、品質・コスト・工期面でも有利となる施工方法を提案すること。施工途中に発生した課題に対しても、技術力と経験をフル活用して解決にあたります。2 つ目は、生産技術の開発と展開。建築生産に関連した技術開発も大きな役割のひとつです。今、現場では構工法の開発や施工の機械化など、生産の革新や環境への配

慮につながる技術開発が求められています。そして開発した技術の活用展開を図り、現場の生産性向上や品質確保に貢献するのも大切な業務です。3つ目は、建築生産における情報化。ITを活用して、業務の効率化を図ります。最近では、三次元CADを中心としたBIM（Building Information Modeling）の活用による設計・施工プロセスの効率化など、最新の情報技術を活用し、建築生産の改革を進めています。

建造物の形や性能を考える仕事

意匠設計

意匠設計は、企画・構想の段階から社会情勢や合理性、竣工後のメンテナンス性までを考慮し、専門部署と協同しながら図面に表現していきます。

当社の設計組織は、日本で最も古い設計組織です。明治19年に、辰野金吾の弟子たちを迎え、「製図場」が創設されて以来、現在にいたるまで数多くの優れた作品を世に送り出してきました。最近では、環境問題、さまざまな法規制の強化、急激に変化する市場経済など、建築を巡る条件や要望はますます広範になっています。複雑化する問題を解決するには、総合力と迅速な対応が必要とされ、設計施工一貫方式へのニーズが高まっています。意匠設計者を軸に、社内が一貫した体制で対応することにより、お客さまの意向を反映しやすく、責任も明確になり、より要望にあった建物をつくることができます。さらに、工程の合理化・短縮を実現し、デザインと技術のバランスがとれた建物の建設が可能となります。

構造設計

構造設計は、建物の「骨格を設計すること」が仕事。建物には、時に、地震や台風などの自然の力が作用します。それらの外力を想定し、安全な骨格を設計することが、私たちの使命。もちろん、建物内で生活する人が快適に過ごせるよう、建物の機能や空間のスケール感を理解しながら設計を進めます。さらに、お客さまや関係者に、自然の力や建物の持つ性能を説明し、理解していただくことも重要。構造には、建築基準法という厳格なルールがありますが、答えはひとつではありません。コンクリートでつくったり、鉄骨でつくったり、選択肢は数えきれず、日々、時代のニーズに対応しながら最適な答えを探しています。そのために、当社の技術研究所と共同で新技術を開発し、実用化することもあります。私たちの仕事は、お客さま、意匠設計、設備設計、研究所、建設

現場の仲間たちとひとつの目標に向かって建物をつくりあげる、大変やりがいのある仕事です。

設備設計

設備設計は、意匠設計スタッフ、構造設計スタッフと協力しあい、建物の設備全般（空調・衛生・電気・情報）にわたる設計を行っています。プロジェクト遂行にあたっては、案件ごとに多彩な人財と組織が横断的にチームを組み、お客さまのニーズを分析。建物の運営からメンテナンスにいたるまでの一貫した流れのなかで、お客さまの満足を得られる設備設計を提案します。大切なのは、その建物に最適な建築設備を目指すこと。今後は、さらなる多様化・高度化していく社会に応えるため、従来の空調・衛生・電気・情報設備などにとどまらず、性能や安全性、エネルギーの効率化の追求とともに、人々の感性をも満足させる多種多様な技術開発に挑戦します。テーマは、地球環境を考慮した「快適化・エネルギーの有効活用・高度情報化・高性能環境の実現」など。ハードとソフトの両面を兼ね備えた総合技術力のさらなる発展を目指します。

原子力設計

原子力設計の業務は、原子力発電所・火力発電所に関して、設計から建設、廃炉、再利用までの各フェーズにおけるエンジニアリングと技術開発に携わります。具体的には、（1）地震動評価や地盤・建物相互作用などの設計用荷重の設定や技術開発、（2）免震・制震などの新技術の開発を含めた安心・安全を重視した建物・構築物の耐震設計、（3）工期短縮や安全性の向上を目指した効率的な施工方法に関する技術開発や施工支援、（4）廃炉や資材の再利用・長寿命化に関する技術開発などです。近年、地球温暖化対策として、発電時に温室効果ガスを排出しない原子力発電所に注目が集まり、同時に原子力施設の災害時の安全性への関心も高まっています。当社はこれらの分野において業界トップレベルの技術力を有し、お客さまである電力会社や国の機関からも高い評価を得ています。原子力施設は建物の規模が大きく、複雑なため、業務においては粘り強く、コツコツと、間違いのない仕事を続けることが求められます。一方で関連する技術は日々進歩していることから、新しい技術を積極的に取り入れていく柔軟性も必要です。

土木技術・設計

「営業支援」「現業支援」「技術開発」の3つが主な業務。「営業支援」は、公共事業では施工検討および解析業務、民間事業では本設構造物の設計および景

観のデザインを行います。「現業支援」は、文字通り、施工中の現場の支援。特に土木構造物の施工を支援する際は、土や水などの自然が相手なので、十分な事前調査が必要です。必要に応じて調査から解析、修正設計までを担います。また、当社の技術研究所や専門家とともに、日夜、新しい「技術開発」に取り組んでいます。

土木機械・電気

土木分野では大型機械の 導入や大容量の電気使用もあるため、これらに関する技術的な検討や現場での機械の調達、電気設備の計画など、施工設備の管理を行っています。具体的には、現場のニーズに合わせ、機械・電気技術による新工法の開発や施工の合理化を図ったり、それに関わる施工機械の開発を行う仕事と、実際現場でタワークレーンやコンクリート製造設備、電気設備などの施工設備の施工計画の立案・管理を行う仕事があります。

現場でものづくりをする仕事

建築技術

建築技術は、「設計図書を基に実際に建物をつくる」仕事です。その核となるのが施工管理業務で、多種多様な専門工事会社を管理・監督しながら、設計図に忠実に建物をつくりあげていきます。職人さんが工程通りに作業できるよう調整したり、図面通りに進行しているかを確認したり…悪天候などの予期せぬ事態とも対峙しながら、常に最善策を考え、最終的に建物として機能するように息を吹き込んでいくのです。 また、建築の場合、形状が複雑で設計図の情報だけでは施工することができないため、形にするための「施工図」を作製することも特徴のひとつです。さらに、お客さまや設計者、諸官庁との折衝も重要な業務であり、施工プロセスにおける一連のマネジメント業務を、品質・コスト・工程・安全・環境の各面に留意しながら推進していきます。多くの人と価値観を共有し、皆でひとつの建物をつくりあげる喜びは、建築技術ならではの醍醐味といえるでしょう。

土木施工

土木は「社会基盤づくりの担い手」ともいえる、誇りある仕事です。見る者を圧倒する大迫力が魅力でもあります。土木施工の役割は、道路・橋梁・トンネル・空港・港湾施設などの社会基盤の整備にあたり、最前線で「ものづくり」＝施工の管理を行うことです。具体的には、まず、工程や施工方法など「工事をど

のような方法で完成させるか」について施工計画を立案。それに基づき、専門工事会社に指示を出し、品質・コスト・工程・安全・環境の各面を管理しながら工事を進めていきます。当社の土木施工は都市機能を支える交通インフラの整備にとどまらず、業界一の実績を誇る液化天然ガス（LNG）地下式貯槽や地下石油備蓄基地など、エネルギーインフラの構築にも力を発揮しています。そうした豊富な実績は内外から高い評価を受け、発展目覚しいアジア圏をはじめ、海外のインフラを整備するビッグプロジェクトを担当しており、グローバルに社会の発展に寄与しています。

設備施工

設備施工は、建物内の設備の施工管理を行います。電気（照明器具やエアコン、パソコンなどを動かす電気の供給）、給排水・衛生（洗面所、トイレなどの水の供給・排水）、空調（温・湿度など、居住環境を整える空調システム）は、人体に例えるなら心臓や血管、神経のようなもの。私たち設備施工は、それぞれの分野の専門工事会社を、品質・コスト・工程・安全・環境の各面について総合的にコントロールし、お客様のニーズに応えると同時に、維持管理のしやすい建物をつくることが仕事です。工事にあたっては、建築・設備が一体となるよう工夫するなど、合理的な施工を目指しています。近年では、完成後に建物が稼働した後の、省エネを含めた設備の維持管理運転も大切になっており、その領域まで私たちの役割として大いに期待されています。

スタッフ（作業所事務）

作業所事務は、建設現場のなかで、施工以外のあらゆる業務を担当します。作業所をひとつの会社とするならば、そこで動く何億・何十億というお金の収支をチェックする経理、近隣の対応や式典の準備・運営、庶務全般を行う総務、施工系社員の勤務状況や健康管理などを行う人事、これらすべての役割を担います。建造物が建設されていく過程で、いかに工程が円滑に進むか、いかに施工系社員や職人さんが力を発揮する環境を整えるかが、作業所に勤務する事務担当者の腕の見せどころ。現場のダイナミックな進行過程を日々目のあたりにできる、文系職種のなかでは最も「ものづくり」を身近に感じる仕事でもあります。

会社経営・運営を担う仕事

管理部門（総務・法務・広報・経理・人事・秘書など）

スタッフ業務には、総務・法務・広報・経理・人事・秘書など、専門性の高いさまざまな部署があります。会社経営に携わることはもちろん、建設事業を行うにあたって発生するリスクの管理など、すべての事業活動をより円滑に行うための根幹に関わる重要な役割を担っています。実際に建設現場の最前線に立って仕事をするわけではありません。しかし、法律や会計など、それぞれの専門的な側面から、着実に会社の将来を見据え、現場がより良い「ものづくり」ができるように最高のステージを用意します。それぞれの現場で求められるステージが異なるなか、会社にとって最善の方法は何かを考える…それがスタッフ業務の面白さでもあります。

情報システム

情報システムは、「情報インフラや全社共通システムの企画・整備・管理を行うこと」が仕事になります。例えば、ビル・ダム・橋・トンネルといった建造物は、完成までに何年もの歳月を費やし、その後も数十年にわたり使い続けていくもの。これを実現するには、営業・設計・施工・技術・環境・維持管理・管理部門など、多くのプロフェッショナルの協力が必要です。それぞれの仕事の連携を円滑にし、当社の総合力を発揮するためにも、情報システムは必要不可欠な業務です。時には各方面から、「新しい業務を始めたい」「今の業務のやり方をより良くしたい」といった相談が寄せられることもあります。人がやらなければならない仕事とシステム化できる仕事を区分けし、最適な業務の仕組みを考えることも、情報システムの大切な役割。他にも、図面をはじめ、膨大なデジタル情報を管理・共有・活用するシステムの構築も行います。もちろん、仕組みやシステムをつくることだけが目的でなく、利用されて効果を発揮してもらうことが大切です。

✔ 先輩社員の声

お客様の期待を超える
品質を目指して。

【建築（生産技術）】／ 2018 年度入社】

01　就職活動時／入社当時

建設業界のさまざまな企業を比較検討する中で「この会社で働きたい」と一番強く思ったのが、清水建設でした。理由としては、業績が良く技術力が高いため、新しい分野の開発にも積極的にチャレンジできると感じたからです。当時、研究的な要素に触れつつ、現場にも携われる仕事を希望していたものの、新卒でそうした職種の募集はほぼありませんでした。そのような中、清水建設から希望通りの職種で内定をもらえたことも、入社を決意した大きな要因になりました。入社して現在の部門に配属されてすぐに、施工前の図面を技術的にチェックする業務に従事。設計部が仕上げた図面に対して、スムーズな施工につなげるための提案を行う業務なのですが、学生時代に見ていたような図面とは精度も建物の規模もレベルが段違いで、最初は図面を理解することさえ簡単ではありませんでした。先輩方に教わりながら、独学でも建築の法律や基準などを勉強することで少しずつチェックができるように。今では自身の提案した内容について現場や設計者と打ち合わせを行い、施工手順の変更につなげていけるようになり、成長を感じています。

02　現在の仕事／大切にしている想い

現在、直接的および間接的なアプローチからの現場支援を担当。間接的な現場支援として行われる開発業務は、現場の施工性や品質の確保、コストの削減が目的となります。実態調査から実験を行って結果を出すまで数年かかることもありますが、社外のメーカーの方や社内のさまざまな立場の方に意見、協力をいただきながら地道に開発に尽力。その結果、自分自身が開発した技術が実際の現場で採用されたときには、大きな充実感に包まれます。

この仕事ではよく「Quality（品質）、Cost（原価）、Delivery（工期）、Safety（安全）、Environment（環境）」の頭文字を取った「QCDSE（キューシーディーエスイー）」という言葉が用いられます。施工管理を手掛ける上で重要な項目であるこの五つの中でも、私は特に品質を大切にしています。当社に依頼してくださるお客様に何十年とお使いいただける建物にするにはどうすればいいか。常に第三者的な視点から模索し、他の 4 項目にも最大限配慮した上で、品質の確保と向上に努めています。

代々にわたって受け継がれてきた信頼を
未来へつなぐために。

【営業】／2019年度入社】

01　就職活動時／入社当時

私が学生の頃、地元の和歌山県に一本の道路ができました。それによって新たな雇用の創出や災害時の避難経路の確保につながり、多くの人たちの暮らしに大きな影響を与えたのです。その経験から、就職活動では「自分の仕事によって社会に大きな影響力がもたらせるかどうか」を軸にして志望する業界を絞っていきました。企業研究やOB訪問を繰り返す中で、日ごとにゼネコンの仕事に魅力を感じるように。しかし、大手ゼネコンの場合、携われる案件量や規模に大差はなかったので「人」を見て志望する企業を決めることにしました。各社の社員の方々に数多く会う中で、清水建設の人たちはとにかく誠実で「この人たちと一緒に働きたい」と思い、入社を決意。実際に当社の社員となった今、就職活動中に受けた印象は間違っていなかったと実感しています。

入社当時は建築関連の知識がまったくなかったので、社内関連部署との調整や連携がスムーズに行えず苦労しました。今もまだまだ勉強中ですが、関係部署の方々と自分が理解できるまでしっかり話をするよう努め、少しでもスムーズに仕事が進められるようにしています。

02　現在の仕事／大切にしている想い

建築営業として、名古屋に拠点のある企業や学校法人を担当しています。私の主な仕事は、定期訪問を行いお客様と信頼関係を築いていく「営業活動」と、案件が出てきた場合に受注までのストーリーを描き、社内関連部署をまとめていく「受注活動」の二つです。社内関連部署と協力してつくりあげた成果物に対する、お客様の反応をダイレクトに感じられる点に営業としてのやりがいを感じています。

仕事における私のこだわりは、顧客目線を持ち続けること。その理由は、営業に求められる大切なことの一つが「お客様は何を考え、何を成し遂げたいのか」を適切に捉え、社内関係部署に展開することだからです。建築が専門分野ではないからこそ持てる「建築を知らない一般的感覚」を武器に社内関連部署と調整し、お客様に納得いただける提案をしていきたいと考えています。

より多くの人たちが快適に過ごせる建物を
実現するために。

【情報エンジニアリング／ 2020 年度入社】

01　就職活動時／入社当時

かねてよりオーダーメイドでのものづくりや、家族や友人など自分にとって身近な人たちに使ってもらえるものをつくる仕事がしたいと考えていました。コンサルティングや情報系の仕事にも興味があったので、就職活動の当初はこうした思いや興味が叶えられそうな電機メーカーやＩＴ、コンサルティング企業を志望。さまざまな説明会に足を運ぶ中で、清水建設の情報ソリューション事業部での仕事に興味を持ちました。この事業部では、コンサルティングやメーカー系、情報系に至るまで、私が興味を持っていたすべての業務に関わることができると知ったことが入社する決め手となりました。

入社当初は右も左も分からないことだらけで、さらにはコロナ禍の真っ最中で同期や先輩方にもなかなか会えず、非常に不安だったのを覚えています。そんな状況下でも焦らず、自分なりのベストを尽くしながら仕事にまい進。その結果、入社直後は一人でできなかった仕事も問題なくこなせるようになり、成長の手応えを感じました。

02　現在の仕事／大切にしている想い

清水建設が開発した建物 OS「DX-Core」の導入に力を注いでいます。

「DX-Core」とは、建物運用デジタル化プラットフォーム機能を備えた基本ソフトウェアで、建物にインストールし、必要に応じてアップデートをすることで、建物の資産価値の向上、運用管理の効率化、利便性や安全、安心の向上を実現するものです。私は現在「DX-Core」を既存の病院に導入して、さまざまな設備やロボットと連携させる役割を担っています。

清水建設での情報エンジニアリングのミッションは、最新技術を駆使して多種多様な用途の建物に付加価値を提供することです。その達成に向けて「施設の価値を高められるソリューションとは？」「安全、安心かつ環境に優しい施設とは？」など、常に"考え続ける"ことを意識。お客様のニーズを叶えるソリューションを一つでも多く創出するため、思考をフル回転させながら日々の業務に取り組んでいます。

募集形態 【グローバル職】	国内・海外を問わず、グローバルにさまざまな領域の仕事をする社員。 原則として、職務および勤務地域を特定しない。 【募集職種】建築系（建築、建築（生産技術））、意匠設計系（意匠設計）、構造系（構造設計、原子力設計）、設備系（設備設計、設備施工）、土木系（土木施工、土木技術・設計、土木機械・電気）、エンジニアリング系（土壌環境エンジニアリング、プラントエンジニアリング、新エネルギーエンジニアリング）、情報系（情報エンジニアリング、情報システム）、開発系（開発計画・不動産開発）、文系、SV 【勤務地域】国内・海外各事業所
募集形態 【エリア職】	原則として、勤務地または部門を特定する社員。 【募集職種】募集職種とそれぞれの勤務地域（支店） 【勤務地域】採用時に決定する各支店（原則）
初任給	【グローバル職】博士了 323,000円　修士了 285,000円　大学・高専専攻科卒 265,000円　専門学校（4年制）卒 251,000円　高専・専門学校（2〜3年制）卒 245,000円 【エリア職】 ◎A地域（東京、横浜、千葉、土木東京、国際、土木国際の各支店） 博士了 291,000円　修士了 257,000円　大学・高専専攻科卒 239,000円　専門学校（4年制）卒 226,000円　高専・専門学校（2〜3年制）卒 221,000円 ◎B地域（名古屋、関西の各支店） 博士了 278,000円　修士了 246,000円　大学・高専専攻科卒 229,000円　専門学校（4年制）卒 216,000円　高専・専門学校（2〜3年制）卒 211,000円 ◎C地域（北海道、東北、北陸、四国、広島、九州の各支店） 博士了 265,000円　修士了 234,000円　大学・高専専攻科卒 218,000円　専門学校（4年制）卒 206,000円　高専・専門学校（2〜3年制）卒 201,000円 ※上記以外の区分での新卒採用者については、個別に決定する。
諸手当	通勤手当、時間外手当　他
賞与	年2回（6月、12月）

勤務時間	8:30～17:10　※一部フレックス勤務制度あり
休日休暇	完全週休2日、祝日、年末年始休暇、夏季休暇、慶弔休暇、リフレッシュ年次休暇（10日）、ボランティア休暇、赴任休暇、年次休暇（11～20日、半日単位・時間単位での取得も可）、積立年次休暇（最大60日）　他
保険	雇用・労災・健康・厚生年金保険
福利厚生	財形貯蓄積立金制度、社員持株会、社宅（家族社宅・独身寮・単身赴任寮）　他
仕事と家庭の両立支援策	【出産育児】 産前産後休暇（産前6週間、産後8週間）、パタニティ休業（生後8週間以内に最大4週間）、育児休職（生後2年）、フレックス勤務制度（小学校6年終期まで）、勤務時間短縮（小学生3年終期まで、10分を単位に1日2時間を上限）、時間外勤務・深夜業の制限（小学校3年終期まで）、子の看護休暇（小学校6年終期まで、有給・半日・時間単位も可）、育児時間、出産・育児等により退職した社員の再雇用制度、ベビーシッター補助(1日最大3,000円)等 【介護】 介護休職（対象家族1人につき通算365日）、介護休暇（半日・時間単位で取得可）、フレックス勤務制度（介護終了まで取得可）、勤務時間短縮等の措置（3年間複数回利用可能）、時間外勤務の制限、深夜業の制限、介護等により退職した社員の再雇用制度、社内外相談窓口設置　等
屋内の受動喫煙対策	就業時間内原則禁煙

✔ 採用の流れ （出典：東洋経済新報社『就職四季報』）

エントリーの時期	【総・技】3月～職種による
採用プロセス	【総】ES提出→Web適性検査→Webテスト→GD→面接（1回）→内々定 【技】ES提出→Web適性検査→Webテスト→面接（1～2回）→内々定　※職種により専門試験

採用実績数					

	大卒男	大卒女	修士男	修士女
2022年	137 （文：34 理：103）	63 （文：23 理：40）	97 （文：1 理：96）	35 （文：1 理：34）
2023年	109 （文：30 理：79）	68 （文：21 理：47）	98 （文：0 理：98）	31 （文：2 理：29）

※2024年：約380名採用計画

採用実績校

【文系】
（大学院）立命館アジア太平洋大学
（大学）早稲田大学，関西学院大学，同志社大学，一橋大学，京都大学，滋賀大学，東京大学，法政大学，横浜市立大学，学習院大学，関西大学，京都産業大学　他
【理系】
（大学院）東京大学，東京工業大学，早稲田大学，筑波大学，芝浦工業大学，東京理科大学，名古屋工業大学，横浜国立大学，京都大学，熊本大学，神戸大学，大阪大学，東北大学　他
（大学）日本大学，東京理科大学，芝浦工業大学，工学院大学，東京都市大学，金沢工業大学，早稲田大学，広島工業大学，三重大学，東海大学，福岡大学，名城大学　他

■清水建設、量子技術で災害復旧計画　自治体をサポート（2/2）

　清水建設は量子技術や人工知能（AI）を活用し、自治体の災害復旧計画の策定を支援する事業に乗り出す。新興企業2社と組み、人流関連のビッグデータを解析する。施工だけでなく計画策定段階から参画し、災害に強い街づくりを後押しする。観光振興などにつなげる狙いもある。

　三井物産とKDDIが共同出資するジオトラ（東京・千代田）、量子技術に強みを持つグルーヴノーツ（福岡市）と提携する。携帯電話利用者の全地球測位システム（GPS）情報から抽出した人流ビッグデータを分析するプラットフォームを共同開発する。情報処理の精度や速度を高め、一般的なスーパーコンピューターで数時間かかる処理を、数秒から数分程度に短縮する考えだ。

　地方都市で実証実験を始めており、災害時に復旧作業をどの順番で進めると効果的かなどを検証する。2～3年後をめどに実用化を目指す。清水建設が参画する東京都江東区の「豊洲スマートシティ」などでも導入する計画だ。

　ジオトラはGPS情報から個人情報を保護したうえで、詳細な人流データを抽出する技術に強みを持つ。グルーヴノーツは膨大な組み合わせから最適解を見つける量子技術の一種「量子アニーリング」方式を使ったサービスを手掛ける。

　プラットフォームでは街の来訪者がどのように回遊しているかなどを解析。自治体の予算や重要課題も踏まえたうえで、災害時の復旧工事計画を提案する。観光振興につながる公共交通ルートを選ぶなど地域活性化にも活用する。清水建設は都市計画づくりで蓄積してきたノウハウや知見を生かす。

　人口減少や老朽インフラの維持管理、防災・減災対策など自治体が直面する課題は多い。人員や予算が限られるなかで、災害復旧や観光振興の計画を効率的に作成する需要に応えていく。

■清水建設、劇場内の「見えやすさ」3Dで分析（5/1）

　清水建設は3次元（3D）データで劇場施設と演目の相性を評価するシステムを開発した。建物の完成図の3Dデータを用いて、客席からの見え方や、音響・照明効果などを分析する。演目ごとに必要なセットをその劇場に配置できるかも検証する。

　建物の設計図を3D化するBIM（ビルディング・インフォメーション・モデリング）データを使って、客席や舞台の3Dデータを構築。舞台上の演者やセット

もモデル化して配置、分析する。分析にかかる時間はいずれも数十秒程度という。

客席からの見えやすさは数値化し、その劇場に適した演目かどうか判断しやすくなる。チケット料金の差につながる席のランク付けも合理的にできるようになる。

劇団四季の協力を得て四季の演目データをもとに、自社が施工した「ウォーターズ竹芝」（東京・港）でシミュレーションの実証を進める。自社施工以外の物件でも分析するほか、BIM データのない古い物件では 360 度カメラで撮影することなどで対応する。清水建設はウォーターズ竹芝のほか、歌舞伎座（東京・中央）などの施工実績がある。

清水建設は 3D データを用いて劇場にコンサルティングサービスを提供するほか、施設の新規施工や立て替えなどの受注にもつなげたい考えだ。

■清水建設、PFAS 汚染の土壌を浄化　米国で試験（8/14）

清水建設は米国で有機フッ素化合物（PFAS）で汚染された土壌を浄化する技術の実証試験を始めたと発表した。水中の泡を用いて分離する技術などを用いることで、二次処理が必要な汚染土を減らすほか、コストも削減する。

米国で汚染土を用いて実証する。規模や期間は非公開。粒子の大きさでふるい分ける分級処理と水中の泡に付着させて分離・回収する泡沫（ほうまつ）分離法を用いて土壌を浄化する。これまで重金属やダイオキシンなどで汚染された土壌の浄化で用いてきた。同社によると約 320 万トンの土壌を浄化している。

PFAS は熱に強く水と油の両方をはじくことから、コーティング剤や泡消火剤などに使用されてきた。ただ、自然界では分解されにくく「永遠の化学物質」とも呼ばれる。環境などに蓄積しやすく健康被害のリスクもある。PFAS の一部の種類（PFOS や PFOA）は製造・輸入などが禁止されている。

同社はこれまで PFAS で汚染された地下水の浄化実験を実施してきた。今回は土壌の浄化性能などを確かめたのち、PFAS の規制で先行する米国で実用化したい考え。長期的には日本国内での技術展開を目指す。

✔2022年の重要ニュース (出典：日本経済新聞)

■清水建設が無人フォークリフト　自動で荷下ろし、省力化（2/20）

　清水建設は無人で自動運転が可能なフォークリフトを開発、施工現場に導入する。タブレット端末からクラウドを通じて複数機種を管理できるほか、トラックに積まれた資機材の形状を3次元（3D）的に把握して荷下ろしができる。清水建設ではすでにある自動搬送ロボなどと組み合わせて、5分の1の省人化効果を見込む。

　清水建設が自社開発した機種で、都内の大型再開発現場で2月からまず2台導入する。車載カメラの映像とセンサーで資機材の形状を3Dで把握してフォークを差し込む。3輪のタイヤがそれぞれ動くため、狭い場所でも機体を大きく動かさずに移動が可能になる。トラックに積まれた資機材を荷下ろしし、資材用エレベーターなど所定位置へ移動する作業が可能になる。

　クラウド上で複数機種を一括管理するため、タブレット端末から簡単な指示を設定するだけで、1台ごとに指示を出さずに複数機種が連携して稼働する。前方に作業員や機材がある場合はレーザー光を用いたライダーと呼ばれるセンサーで感知して減速や停止を行う。コンピューターによる設計で用いるCADソフトと連動しており、作業位置を示すマーカーなどは不要になる。

　清水建設ではすでに開発・導入している自動搬送ロボや自律稼働するエレベーターと組み合わせることで、従来なら5人で行っていた作業を、指示を出して監視する作業員1人とロボット複数台で行えるようにする。

　清水建設では他にも多機能施工ロボを複数開発しており、ロボットとの協働による現場作業の省人化を図る。

■清水建設、通年で新卒採用　全職種で毎月入社可能に（3/30）

　清水建設は2022年度から通年で新卒を採用する。4月入社の一括採用枠と別に、建築や土木など全17職種で毎月入社できるようにした。通常の新卒採用に準じた教育プログラムを施し、まず年間10〜20人程度の登用をめざす。9月卒業の海外大学留学生をはじめ、多様な人材を獲得する。

　22年4月に入社予定の361人とは別に、新卒や第二新卒、若手の既卒を対象に実施する。特定のスキルは求めず、ポテンシャル採用として従来の新卒同様に、入社後に教育する。

建設業では若い働き手の確保が急務だ。総務省の労働力調査によると、建設業の就業人口は00年の653万人から20年には492万人と25%減少した。日本建設業連合会によると20年には55歳以上の占める割合が36.0%に上る一方、29歳以下は11.8%にとどまった。

■清水建設、初任給5000円アップ　人材確保へ若手に手厚く（4/4）

清水建設は初任給を5000円引き上げる。2022年4月に入社した総合職の初任給を、大卒は24万5000円、院卒は26万5000円とする。初任給を上げるのは18年4月以来4年ぶりで、前年度比で2%の引き上げとなる。将来的な担い手不足に備え、若手の処遇を手厚くして人材確保を狙う。

ゼネコンでは鹿島と大林組、竹中工務店もそれぞれ5000円の初任給引き上げを行うとしており、建設大手で足並みをそろえる動きが広がっている。

大手ゼネコンは22年度、上場4社が3%の賃上げを表明している。建設業は24年度に労働基準法の残業上限規制が厳格になり、時間外労働の削減による残業代減少が見込まれる。若い担い手も減少しており、賃金を増やして学生にアピールする。

■清水建設、建物の取扱説明書をデジタル化（8/22）

清水建設は建物の施主に渡す取扱説明書をデジタル化する。360度カメラで撮影した建物の画像で、空調や電気などの設備情報をタブレット端末で簡単に確認できる。紙の取扱説明書に比べて建物の情報が分かりやすいため、施主の維持管理や機器使用時の利便性向上につなげる。2028年度をめどに新築の6〜7割での普及をめざす。

デジタル取扱説明書では建物内部の電気や空調の各種取扱説明書に加え、設計・施工時に必要な情報が記載された設計図書もPDF形式で検索できる。

施工中から竣工後にかけて撮影した360度カメラの画像を建物の平面図と連動させ、各種設備の基本情報を閲覧できる。テナント入居者や住民がタブレット端末にダウンロードすることも可能だ。既存建物の取扱説明書も、延べ床面積2000〜3000平方メートルのオフィスビルであれば1物件70万円からデジタル化できる。

建物の竣工時に引き渡す取扱説明書や設計図書は、大規模なビルの場合で数十冊に及ぶ。「1万平方メートルのビルであれば、並べると1坪（3.3平方メートル）ほどになる」（清水建設担当者）という。日々の修理やメンテナンスに活用する際に必要な情報を探し当てることが難しいといった課題があった。

✔2021年の重要ニュース（出典：日本経済新聞）

■高層ビル工事にロボット　500人規模の省人化（2/17）

　清水建設は17日、同社最大の工事現場である「虎ノ門・麻布台プロジェクト」の工区でロボットを使った施工を始めたと発表した。まずは人工知能（AI）を備えた溶接ロボットを14台導入し、溶接量全体の15%を自動化する。大型現場でロボット施工の性能を示し、ロボットの本格的な展開に弾みを付ける。

　虎ノ門・麻布台プロジェクトは森ビルが手掛ける大型再開発。完成時には清水建設が施工するメインタワーは日本一の高さになる。

　導入した溶接ロボ「Robo-Welder」は清水建設が大阪大学と共同で開発した。人の腕のように動くアームにレーザーセンサーと溶接作業をする部位が取り付けられている。センサーが溶接箇所の形状を検知し、AIが解析して適切な溶接の手順を判断する。

　正確な溶接作業は高度な技術を要する上、高温を発するため夏場は熱中症の危険も伴う。清水建設によると溶接ロボット活用により同現場で500人程度の省人化ができるという。

　清水建設は建設工事でのロボット活用を推進しており、同現場では夏以降に資材の自動搬送ロボットや巡回ロボットも活用し始めるという。建設業では若手人材の呼び込みが課題だ。重労働をロボットに置き換えることで労働環境を改善し、業界の魅力を高めたい狙いがある。

■清水建設、仙台に省エネと感染症対策のビル（3/3）

　清水建設東北支店の新社屋が完成した。地中の熱を活用した省エネシステムと、床から送風し飛沫を上向きの一定方向に排出する空調を合わせて導入した。今後、ショールームとして公開し、東北地域で導入を促す。

　ビルは地上6階建てで延べ床面積は5588平方メートル。年間を通じてほぼ温度が変わらない地中に蓄えた水をビル内に循環させ、建物のコンクリートの温度を24度ほどに維持する。冬はコンクリート部分が温まることで暖房効率が上がる。床からわずかな風を吹き出し、空気の流れを押し上げる空調システムも導入した。両システムを導入したビルは「前例がない」（同社）という。

　新社屋は免震や太陽光発電と連携させた自家発電の設備も導入したため、総工費は一般的なビルよりも4割程度高くなった。

■国内最大の風力クレーン開発　IHI 子会社と（5/6）

　清水建設は陸上風車建設の専用クレーンの開発に乗り出す。IHI の子会社と共同で国内最大の風車専用クレーンの開発を進め、2023 年 6 月にも稼働させる。近年は発電効率を高めるため風車の大型化が進んでいる一方で、既存の設備では建設が難しい。専用装置の開発で、陸上風力発電の需要の高まりを捉える。

　清水建設は約 11 億円を投じ、IHI 子会社の IHI 運搬機械（東京・中央）などと共同で開発する。従来装置では建設が困難な、1 基あたりの発電能力が 5000 キロワット以上の風車の建設に対応できるようにする。

　風車の駆動部分で重量が大きいナセルをより高所に掲げられるよう、装置の技術開発を進める。クレーンが大型化するため、支える架台を分割可能にして輸送しやすくするなど、建設時の使いやすさも考慮した装置の開発を目指す。

　陸上風力では風車の大型化が進む。風車を大きくすれば、1 基当たりの発電量が向上し、発電事業者が得る収益が増加するからだ。足元では 3000 ～ 4000 キロワットの風車の建設計画が増加。清水建設によれば、24 年ころには 5000 キロワット級の風車の建設が始まる見込みだ。

■清水建設、グリーン水素を製造　木材と地熱活用で（11/22）

　清水建設は、木材と地熱を活用して「グリーン水素」の製造を始める。国内のプラントメーカーなどと組み、地熱の蒸気と木材を反応させて水素を抽出する技術を開発。木材を使うことで、化石燃料を使う水素に比べて製造過程で出る二酸化炭素（CO_2）排出量を 9 割削減できる。2025 年までに総額 250 億円を投じて量産設備の建設を進める。

　北海道大の市川勝名誉教授やプラントメーカーのエネサイクルなど 4 者と共同で、大分県九重町に実証施設を 21 年度中に建設する。実証施設で毎時 50 ノルマル立方メートルの水素を製造。近隣の公共施設や水素ステーション、半導体工場に供給する。まず技術を実証したうえで、25 年までに 1 基あたり毎時 100 ～ 1000 ノルマル立方メートルの生産能力を持つ大型製造装置を計 250 億円ほど投じて建設する計画だ。

　開発した技術は、九重町の周辺から伐採された木材や廃材からなるチップを蒸し焼きにして炭化させた後に地熱蒸気と化学反応させ、ガスから高純度の水素を抽出する仕組み。水素は製造に必要な原料や電力に加え、遠隔地からの輸送で CO_2 を排出することから、CO_2 を実質ゼロにするのが難しい。地熱と木材を使うことで、市販の都市ガスや液化天然ガス（LNG）から製造される水素と比較し、CO_2 排出量を最大 9 割削減できる。

✔ 就活生情報

> どんな質問をされても自分の言葉で返し，変に暗記
> して抑揚がないしゃべり方は避けましょう

一般職 2019卒

エントリーシート

・形式：採用ホームページから記入

セミナー

・選考とは無関係
・服装：リクルートスーツ
・内容：企業紹介

筆記試験

・形式：Webテスト／その他
・科目：理工系専門試験

面接（個人・集団）

・雰囲気：普通
・回数：1回
・質問内容：特殊なのは「施工管理の仕事を自分の子どもに説明するとしたら何
　と説明するか。」　あとは，対策できそうな質問

内定

・拘束や指示：他社選考の辞退
・通知方法：電話
・タイミング：予定より早い

● その他受験者からのアドバイス

・結果が早い

建設業はほかの日系大手に比べて比較的選考が早い
ので，建設業を志望する学生はできるだけ早くから
動き出しましょう

総合職 2019卒

エントリーシート

・形式：採用ホームページから記入
・内容：大学の専攻内容／現在学んでいる学問（建築や経済など）を選んだ理由
／当社への志望動機／あなたの強み・長所／弱み・短所等／将来，社員として
誰にどのような影響や価値を与えていきたいと考えているか　他

セミナー

・選考とは無関係
・服装：リクルートスーツ
・内容：ゼネコンの事業体感ワーク，社員との座談会

筆記試験

・形式：Webテスト
・科目：数学，算数／国語，漢字／性格テスト
・内容：テストセンターでのSPI，独自形式の自宅受験型のウェブテスト

面接（個人・集団）

・雰囲気：圧迫
・回数：2回
・質問内容：志望動機／志望職種／志望職種の中で求められる資質について／大
学で学んでいることをどう生かせるか／他社もすべて合格したらどうする

内定

・拘束や指示：他社の選考をすべて辞退するよう求められる。また，辞退したこ
とを再度連絡したのちに，内々定ということが電話で通知される
・通知方法：電話
・タイミング：予定通り

● その他受験者からのアドバイス

・本社での面接は，全体的に圧迫のように感じる
・建設業を見ているのであれば，可能な限り現場見学の参加をおすすめ

面接を進めていく過程で，良いと思った会社に行くべき

技術系 2018卒

エントリーシート

・形式：指定の用紙に手で記入

セミナー

・選考とは無関係
・服装：リクルートスーツ
・内容：企業説明，実績，サークル活動

筆記試験

・形式：作文／Webテスト
・科目：数学，算数／国語，漢字／論作文／性格テスト
・内容：SPI，webテスト

面接（個人・集団）

・雰囲気：普通
・回数：2回
・質問内容：希望動機／学生時代頑張ったこと／学業以外で頑張ったこと／学生と社会人の違い中学高校大学と専門技術を学ぶきっかけ／自分が入社してのメリット／入社後にしたい仕事／どのような建築をつくるか

内定

・拘束や指示：他社選考の辞退，内定承諾書の提出
・通知方法：電話
・タイミング：予定通り

● その他受験者からのアドバイス

・面接では専門的な研究内容，謎な掘られ方をされた
・何回最終面接があるか不明
・希望した職種じゃない所の選考を巧妙に勧められる

最初から業界を絞ることなく，様々な業界の会社についても，一度話を聞いてみるといいでしょう

事務系総合職 2018卒

エントリーシート

・形式：採用ホームページから記入
・内容：大学での学問／学生時代頑張ったこと／志望動機

セミナー

・選考とは無関係
・服装：リクルートスーツ

筆記試験

・形式：Webテスト

面接（個人・集団）

・雰囲気：圧迫
・回数：3回

内定

・拘束や指示：他社選考の辞退
・通知方法：電話
・タイミング：予定より早い

▶ その他受験者からのアドバイス

・最初から業界を絞ることなく，様々な業界の会社の話を一度聞いてみるといい。

積極性を持ってのぞみましょう。ありのままの自分を受け入れてもらうことが大事です

総合職 全国型 2017卒

エントリーシート

・形式：採用ホームページから記入
・内容：現在取り組んでいる専攻内容／学業以外で最も力をいれたこと／当社への志望動機について／現在取り組んでいる学問を選んだ理由

セミナー

・選考とは無関係
・服装：リクルートスーツ
・内容：グループワーク，社員との座談会

筆記試験

・形式：記述式／作文
・科目：数学，算数／国語，漢字／論作文
・内容：IQテストを一回，テストセンターを一回，一次面接の際に自己紹介シートと一緒に国語の論作文（ある新聞記事に関して論ずるもの）

面接（個人・集団）

・雰囲気：圧迫
・回数：2回
・質問内容：一次面接…志望動機と自己PRを二分間で／なぜ清水なのか／他に受けている企業／志望度／その他自己紹介シートを深堀／自身の成績表の自己評価／学業対その他の割合。最終面接…志望動機と自己PR／志望度／他に受けている企業／その他は突拍子もない質問ばかりで態度や姿勢を見られていた

内定

・拘束や指示：6月1日に合格通知書を本社まで受け取りに行った
・通知方法：電話

● その他受験者からのアドバイス

・リクルーター推薦を得るためには，志望度が重視されるが，志望度を早い段階で固めることが難しい

総合職 施工管理 2017卒

エントリーシート

・形式：採用ホームページから記入
・内容：志望動機／自己PR／研究内容／何故今の学問を学んでいるのか／長所や
短所など

セミナー

・選考とは無関係
・服装：リクルートスーツ
・内容：社長講話や社員座談会，体験ゲーム

筆記試験

・形式：記述式／Webテスト
・科目：数学，算数／国語，漢字／性格テスト／理工系専門試験
・内容：WEBテストとは別にテストセンター。筆記試験は30分で二級建築士
程度。自己紹介文を30分

面接（個人・集団）

・雰囲気：普通
・回数：1回

内定

・通知方法：電話

✔ 有価証券報告書の読み方

01 部分的に読み解くことからスタートしよう

「有価証券報告書（以下，有報）」という名前を聞いたことがある人も少なくはないだろう。しかし，実際に中身を見たことがある人は決して多くはないのではないだろうか。有報とは上場企業が年に１度作成する，企業内容に関する開示資料のことをいう。開示項目には決算情報や事業内容について，従業員の状況等について記載されており，誰でも自由に見ることができる。

一般的に有報は，証券会社や銀行の職員，または投資家などがこれを読み込み，その後の戦略を立てるのに活用しているイメージだろう。その認識は間違いではないが，だからといって就活に役に立たないというわけではない。就活を有利に進める上で，お得な情報がふんだんに含まれているのだ。ではどの部分が役に立つのか，実際に解説していく。

■有価証券報告書の開示内容

では実際に，有報の開示内容を見てみよう。

有価証券報告書の開示内容
第一部【企業情報】
第1　【企業の概況】
第2　【事業の状況】
第3　【設備の状況】
第4　【提出会社の状況】
第5　【経理の状況】
第6　【提出会社の株式事務の概要】
第7　【提出会社の状参考情報】
第二部【提出会社の保証会社等の情報】
第1　【保証会社情報】
第2　【保証会社以外の会社の情報】
第3　【指数等の情報】

有報は記載項目が統一されているため，どの会社に関しても同じ内容で書かれている。このうち就活において必要な情報が記載されているのは，第一部の第1【企業の概況】〜第5【経理の状況】まで，それ以降は無視してしまってかまわない。

02 企業の概況の注目ポイント

　第1【企業の概況】には役立つ情報が満載。そんな中，最初に注目したいのは，冒頭に記載されている【主要な経営指標等の推移】の表だ。

回次		第25期	第26期	第27期	第28期	第29期
決算年月		平成24年3月	平成25年3月	平成26年3月	平成27年3月	平成28年3月
営業収益	（百万円）	2,532,173	2,671,822	2,702,916	2,756,165	2,867,199
経常利益	（百万円）	272,182	317,487	332,518	361,977	428,902
親会社株主に帰属する当期純利益	（百万円）	108,737	175,384	199,939	180,397	245,309
包括利益	（百万円）	109,304	197,739	214,632	229,292	217,419
純資産額	（百万円）	1,890,633	2,048,192	2,199,357	2,304,976	2,462,537
総資産額	（百万円）	7,060,409	7,223,204	7,428,303	7,605,690	7,789,762
1株当たり純資産額	（円）	4,738.51	5,135.76	5,529.40	5,818.19	6,232.40
1株当たり当期純利益	（円）	274.89	443.70	506.77	458.95	625.82
潜在株式調整後1株当たり当期純利益	（円）	—	—	—	—	—
自己資本比率	（％）	26.5	28.1	29.4	30.1	31.4
自己資本利益率	（％）	5.9	9.0	9.5	8.1	10.4
株価収益率	（倍）	19.0	17.4	15.0	21.0	15.5
営業活動によるキャッシュ・フロー	（百万円）	558,650	588,529	562,763	622,762	673,109
投資活動によるキャッシュ・フロー	（百万円）	△370,684	△465,951	△474,697	△476,844	△499,575
財務活動によるキャッシュ・フロー	（百万円）	△152,428	△101,151	△91,367	△86,636	△110,265
現金及び現金同等物の期末残高	（百万円）	167,525	189,262	186,057	245,170	307,809
従業員数 ［ほか、臨時従業員数］	（人）	71,729 [27,746]	73,017 [27,312]	73,551 [27,736]	73,329 [27,313]	73,053 [26,147]

　見慣れない単語が続くが，そう難しく考える必要はない。特に注意してほしいのが，**営業収益**，**経常利益**の二つ。営業収益とはいわゆる**総売上額**のことであり，これが企業の本業を指す。その営業収益から営業費用（営業費（販売費＋一般管理費）＋売上原価）を差し引いたものが**営業利益**となる。会社の業種はなんであれ，モノを顧客に販売した合計値が営業収益であり，その営業収益から人件費や家賃，広告宣伝費などを差し引いたものが営業利益と覚えておこう。対して経常利益は営業利益から本業以外の損益を差し引いたもの。いわゆる金利による収益や不動産収入などがこれにあたり，本業以外でその会社がどの程度の力をもっているかをはかる絶好の指標となる。

この主要な経営指標の推移の表につづいて，「会社の沿革」,「事業の内容」,「関係会社の状況」「従業員の状況」などが記載されている。自分が試験を受ける企業のことを，より深く知っておくにこしたことはない。会社がどのように発展してきたのか，主としている事業はどのようなものがあるのか，従業員数や平均年齢はどれくらいなのか，志望動機などを作成する際に役立ててほしい。

03 事業の状況の注目ポイント

第2となる【事業の状況】において，最重要となるのは**業績等の概要**といえる。ここでは1年間における収益の増減の理由が文章で記載されている。「〇〇という商品が好調に推移したため，売上高は△△になりました」といった情報が，比較的易しい文章で書かれている。もちろん，損失が出た場合に関しても包み隠さず記載してあるので，その会社の1年間の動向を知るための格好の資料となる。

また，業績については各事業ごとに細かく別れて記載してある。例えば鉄道会社ならば，①運輸業，②駅スペース活用事業，③ショッピング・オフィス事業，④その他といった具合だ。**どのサービス・商品がどの程度の売上を出したのか**，会社の持つ展望として，今後**どの事業をより活性化**していくつもりなのか，などを意識しながら読み進めるとよいだろう。

■「対処すべき課題」と「事業等のリスク」

業績等の概要と同様に重要となるのが，**「対処すべき課題」**と**「事業等のリスク」**の2項目といえる。ここで読み解きたいのは，その会社の**今後の伸びしろ**について。いま，会社はどのような状況にあって，どのような課題を抱えているのか。また，その課題に対して取られている対策の具体的な内容などから経営方針などを読み解くことができる。リスクに関しては法改正や安全面，他の企業の参入状況など，会社にとって決してプラスとは言えない情報もつつみ隠さず記載してある。客観的にその会社を再評価する意味でも，ぜひ目を通していただきたい。

次代を担う就活生にとって，ここの情報はアピールポイントとして組み立てやすい。「新事業の〇〇の発展に際して……」,「御社が抱える●●というリスクに対して……」などという発言を面接時にできれば，面接官の心証も変わってくるはずだ。

　最後に注目したいのが，第5【経理の状況】だ。ここでは，簡単にいえば【主要な経営指標等の推移】の表をより細分化した表が多く記載されている。ここの情報をすべて理解するのは，簿記の知識がないと難しい。しかし，そういった知識があまりなくても，読み解ける情報は数多くある。例えば**損益計算書**などがそれに当たる。

連結損益計算書

（単位：百万円）

	前連結会計年度 （自 平成26年4月1日 至 平成27年3月31日）	当連結会計年度 （自 平成27年4月1日 至 平成28年3月31日）
営業収益	2,756,165	2,867,199
営業費		
運輸業等営業費及び売上原価	1,806,181	1,841,025
販売費及び一般管理費	※1 522,462	※1 538,352
営業費合計	2,328,643	2,379,378
営業利益	427,521	487,821
営業外収益		
受取利息	152	214
受取配当金	3,602	3,703
物品売却益	1,438	998
受取保険金及び配当金	8,203	10,067
持分法による投資利益	3,134	2,565
雑収入	4,326	4,067
営業外収益合計	20,858	21,616
営業外費用		
支払利息	81,961	76,332
物品売却損	350	294
雑支出	4,090	3,908
営業外費用合計	86,403	80,535
経常利益	361,977	428,902
特別利益		
固定資産売却益	※4 1,211	※4 838
工事負担金等受入額	※5 59,205	※5 24,487
投資有価証券売却益	1,269	4,473
その他	5,016	6,921
特別利益合計	66,703	36,721
特別損失		
固定資産売却損	※6 2,088	※6 1,102
固定資産除却損	※7 3,957	※7 5,105
工事負担金等圧縮額	※8 54,253	※8 18,346
減損損失	※9 12,738	※9 12,297
耐震補強重点対策関連費用	8,906	10,288
災害損失引当金繰入額	1,306	25,085
その他	30,128	8,537
特別損失合計	113,379	80,763
税金等調整前当期純利益	315,300	384,860
法人税、住民税及び事業税	107,540	128,972
法人税等調整額	26,202	9,326
法人税等合計	133,742	138,298
当期純利益	181,558	246,561
非支配株主に帰属する当期純利益	1,160	1,251
親会社株主に帰属する当期純利益	180,397	245,309

　主要な経営指標等の推移で記載されていた**経常利益**の算出する上で必要な営業外収益などについて，詳細に記載されているので，一度目を通しておこう。
　いよいよ次ページからは実際の有報が記載されている。ここで得た情報をもとに有報を確実に読み解き，就職活動を有利に進めよう。

✔ 有価証券報告書

■ 企業の概況

1 主要な経営指標等の推移

（1） 最近5連結会計年度に係る主要な経営指標等の推移 ･･････････････････････

回次		第117期	第118期	第119期	第120期	第121期
決算年月		2019年3月	2020年3月	2021年3月	2022年3月	2023年3月
売上高	（百万円）	1,664,960	1,698,292	1,456,473	1,482,961	1,933,814
経常利益	（百万円）	133,957	137,986	105,465	50,419	56,546
親会社株主に帰属する 当期純利益	（百万円）	99,668	98,977	77,176	47,761	49,057
包括利益	（百万円）	101,732	53,200	109,354	49,336	44,956
純資産	（百万円）	735,242	736,412	821,446	875,172	907,277
総資産	（百万円）	1,860,794	1,904,934	1,908,674	2,128,356	2,448,010
1株当たり純資産	（円）	929.72	957.56	1,068.74	1,116.89	1,150.70
1株当たり当期純利益	（円）	127.04	128.31	101.17	64.09	66.29
潜在株式調整後 1株当たり当期純利益	（円）	127.04	128.30	101.17	－	－
自己資本比率	（%）	39.2	38.3	42.7	38.7	34.8
自己資本利益率	（%）	14.4	13.6	10.0	5.8	5.9
株価収益率	（倍）	7.6	6.6	8.9	11.5	11.3
営業活動による キャッシュ・フロー	（百万円）	△14,933	170,557	80,674	77,772	83,842
投資活動による キャッシュ・フロー	（百万円）	△52,652	△115,745	△113,954	△89,308	△52,434
財務活動による キャッシュ・フロー	（百万円）	△42,404	68,732	△42,710	19,634	65,635
現金及び現金同等物 の期末残高	（百万円）	229,978	352,722	276,321	287,134	386,750
従業員数 （うち、契約社員数）	（人）	16,184 (2,315)	16,297 (2,178)	16,586 (2,625)	19,661 (2,308)	19,869 (2,640)

（注） 1 第120期及び第121期の潜在株式調整後1株当たり当期純利益については，希薄化効果を有している潜在株式が存在しないため記載しておりません。

2 契約社員数には，再雇用社員数，嘱託社員数を含めております。

3 「収益認識に関する会計基準」（企業会計基準第29号 2020年3月31日）等を第120期の期首から適用しており，第120期以降に係る主要な経営指標等については，当該会計基準等を適用した後の指標等となっております。

ⓟⓞⓘⓝⓣ **主要な経営指標等の推移**

数年分の経営指標の推移がコンパクトにまとめられている。見るべき箇所は連結の売上，利益，株主資本比率の3つ。売上と利益は順調に右肩上がりに伸びているか，逆に利益で赤字が続いていたりしないかをチェックする。株主資本比率が高いとリーマンショックなど景気が悪化したときなどでも経営が傾かないという安心感がある。

（2）　提出会社の最近5事業年度に係る主要な経営指標等の推移‥‥‥‥‥‥‥‥

回次		第117期	第118期	第119期	第120期	第121期
決算年月		2019年3月	2020年3月	2021年3月	2022年3月	2023年3月
売上高	（百万円）	1,406,730	1,417,604	1,249,985	1,287,352	1,557,325
経常利益	（百万円）	121,742	122,686	98,613	43,926	41,389
当期純利益	（百万円）	92,733	89,365	72,370	45,735	41,754
資本金	（百万円）	74,365	74,365	74,365	74,365	74,365
発行済株式総数	（株）	788,514,613	788,514,613	788,514,613	788,514,613	788,514,613
純資産	（百万円）	627,910	620,143	697,042	699,210	714,361
総資産	（百万円）	1,597,475	1,604,429	1,632,972	1,749,528	2,016,732
1株当たり純資産	（円）	798.98	811.50	912.13	943.72	964.18
1株当たり配当額 （うち1株当たり中間配当額）	（円）	36.00 (13.00)	38.00 (18.00)	30.00 (12.00)	23.00 (11.50)	21.00 (10.50)
1株当たり当期純利益	（円）	118.00	115.65	94.70	61.26	56.36
潜在株式調整後 1株当たり当期純利益	（円）	－	－	－	－	－
自己資本比率	（%）	39.3	38.7	42.7	40.0	35.4
自己資本利益率	（%）	15.7	14.3	11.0	6.6	5.9
株価収益率	（倍）	8.2	7.3	9.5	12.0	13.3
配当性向	（%）	30.5	32.9	31.7	37.5	37.3
従業員数 （うち、契約社員数）	（人）	10,336 (880)	10,384 (788)	10,494 (842)	10,688 (748)	10,845 (639)
株主総利回り （比較指標：配当込みTOPIX）	（%） （%）	104.9 (95.0)	96.6 (85.9)	105.2 (122.1)	90.6 (124.6)	94.4 (131.8)
最高株価	（円）	1,200	1,176	965	953	790
最低株価	（円）	834	718	711	707	661

（注）1　潜在株式調整後1株当たり当期純利益は，潜在株式がないため記載しておりません。

　　2　契約社員数には，再雇用社員数，嘱託社員数を含めております。

　　3　最高株価及び最低株価は，2022年4月4日より東京証券取引所プライム市場におけるものであり，
　　　　それ以前については東京証券取引所市場第一部におけるものであります。

　　4　「収益認識に関する会計基準」（企業会計基準第29号　2020年3月31日）等を第120期の期首から適
　　　　用しており，第120期以降に係る主要な経営指標等については，当該会計基準等を適用した後の指
　　　　標等となっております。

2 沿革

　1804年（文化元年），清水喜助が江戸神田鍛冶町に大工業を開業したのが，当社の起源であります。以来，個人営業の時代が続きましたが，明治中期には近代建設業者としての基礎を確立しました。

　その後の当社グループの主な変遷は次のとおりであります。

1915年10月	・資本金100万円をもって合資会社清水組を設立し，会社組織に変更した。
1928年2月	・本店芝浦鐵工所を，合資会社東京鐵骨橋梁製作所として設立
1937年8月	・株式会社清水組設立
1937年11月	・合資会社清水組を合併 ・名古屋支店・大阪支店（現　関西支店）・九州支店開設
1939年5月	・北海道支店開設
1945年5月	・広島支店開設
1946年4月	・仙台支店開設（現　東北支店）
1946年7月	・北陸支店・四国支店開設
1946年8月	・建設資材等の販売会社の丸喜産業株式会社（現　株式会社ミルックス）を設立
1947年3月	・総合設備会社の第一設備工業株式会社を設立
1948年2月	・清水建設株式会社と社名変更
1948年9月	・合資会社東京鐵骨橋梁製作所を株式会社に変更
1961年4月	・当社株式を東京店頭市場に公開
1961年10月	・当社株式を東京証券取引所市場第二部に上場
1962年2月	・当社株式を東京証券取引所市場第一部に上場
1962年10月	・当社株式を名古屋・大阪両証券取引所市場第一部に上場
1971年5月	・不動産取引に関する業務を事業目的に追加した。
1980年4月	・横浜支店開設
1982年6月	・EC（エンジニアリング・コンストラクター）化に備えるため，定款の事業目的を追加した。
1986年4月	・当社リフォームセンターを株式会社シミズリフォーム（現　株式会社シミズ・ビルライフケア）として設立
1987年4月	・千葉支店開設
1988年4月	・当社機械事業部を株式会社エスシー・リース・マシーナリ（現　株式会社エスシー・マシーナリ）として設立

1990年6月	・資源エネルギー開発，環境整備等への業容拡大と，情報通信システム分野，医療用機械器具の販売，損害保険代理業等新規事業分野への展開に備えるため，定款の事業目的を追加した。
1991年4月	・本店を東京都中央区から港区に移転
1992年4月	・東京支店・土木東京支店開設
2000年6月	・エネルギー供給事業，公共施設の企画・建設・保有などPFI事業等の展開に備えるため，定款の事業目的を追加した。
2000年11月	・不動産会社の清水総合開発株式会社を設立
2006年6月	・土壌浄化事業，温室効果ガス排出権の取引に関する事業等の展開に備えるため，定款の事業目的を追加するとともに，当面事業展開を予定しない事業目的を削除した。
2009年4月	・国際支店開設
2012年8月	・本店を東京都港区から中央区に移転
2014年6月	・自然共生事業の拡大を目指し，農林水産関連分野の事業展開に備えるため，定款の事業目的を追加した。
2020年3月	・北米における事業拡大を目的に，北米事業の事業統括法人であるシミズ・アメリカ社を設立
2021年4月	・土木国際支店開設
2022年3月	・日本道路株式会社を株式公開買付けにより連結子会社化
2022年4月	・市場区分の見直しにより，東京証券取引所プライム市場，名古屋証券取引所プレミア市場に移行
2023年4月	・海外で事業活動を行うすべての事業部門を包括的に管理し，海外建設の事業責任を担うグローバル事業本部を設立

当社グループは，当社，子会社125社及び関連会社20社で構成され，建設事業，開発事業及び各事業に附帯関連する事業を営んでおります。

建設事業………当社及び日本道路（株），日本ファブテック（株），第一設備工業（株），（株）シミズ・ビルライフケア等が営んでおり，当社は工事の一部を関係会社に発注しております。

開発事業………当社及び清水総合開発（株）等が営んでおり，当社は一部の関係会社と土地・建物の賃貸借を行い，また建設工事を受注しております。

その他の事業…建設資機材の販売及びリース事業を（株）ミルックスが営んでおり，当社は建設資機材の一部を購入・賃借しております。建設機械のレンタル事業を（株）エスシー・マシーナリが営んでおり，当社は一部の建設機械を賃借しております。当社及び関係会社等への資金貸付事業をシミズ・ファイナンス（株）等が営んでおります。公共施設等の建設・維持管理・運営等のPFI事業を多摩医療PFⅠ（株）等が営んでおります。

このほか，北米における当社グループの事業活動の統括をシミズ・アメリカ社が行っております。

各事業と報告セグメントとの関連は，次のとおりであります。

当社グループは，当社における建設事業及び投資開発事業を主要な事業としており，報告セグメントは，当社の建設事業を「当社建設事業」，当社の投資開発事業を「当社投資開発事業」としております。また，当社が営んでいるエンジニアリング事業，LCV事業及び子会社が営んでいる各種事業は，報告セグメントに含まれない事業セグメントであり，「セグメント情報」において「その他」に含めております。

事業の系統図は次のとおりであります。なお，関係会社の一部は，複数の事業を行っております。

(point) **沿革**

どのように創業したかという経緯から現在までの会社の歴史を年表で知ることができる。過去に行った重要なM＆Aなどがいつ行われたのか，ブランド名はいつから使われているのか，いつ頃から海外進出を始めたのか，など確認することができて便利だ。

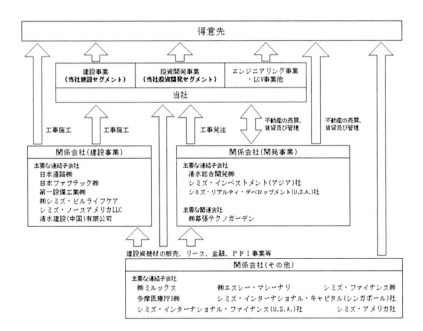

（1） 連結子会社 ·······································

（2023年3月31日現在）

名称	住所	資本金又は出資金（百万円）	主要な事業の内容	議決権の所有割合（%）	関係内容
日本道路㈱ ※	東京都港区	12,290	建設事業	50.3	当社施工工事の一部を受注しております。
清水総合開発㈱	東京都中央区	3,000	開発事業	100	当社に工事を発注しております。当社から施設の管理を受託しております。当社に建物を賃貸しております。役員の兼任7人
日本ファブテック㈱	東京都中央区	2,437	建設事業	84.6	当社施工工事の一部を受注しております。役員の兼任4人
第一設備工業㈱	東京都港区	400	建設事業	94.3	当社施工工事の一部を受注しております。役員の兼任6人
㈱ミルックス	東京都中央区	372	建設資機材販売・リース及び保険代理業	100	当社施工工事の一部を受注しております。当社に建設資機材の販売・リース等を行っております。当社から建物・構築物等を賃借しております。役員の兼任2人
㈱エスシー・マシーナリ	横浜市瀬谷区	200	建設機械のレンタル	100	当社に建設機械のレンタルを行っております。当社から建物・構築物等を賃借しております。役員の兼任6人
㈱シミズ・ビルライフケア	東京都中央区	100	ビルマネジメント事業	100	当社施工工事の一部を受注しております。役員の兼任7人
日本建設㈱	東京都千代田区	100	建設事業	95.0	当社施工工事の一部を受注しております。役員の兼任5人
㈱エスシー・プレコン	千葉県流山市	100	建設事業	100	当社にPC板等を製造・納入しております。当社から建物・構築物等を賃借しております。役員の兼任7人
シミズ・ファイナンス㈱	東京都中央区	2,000	当社関係会社への融資	100	当社と資金の貸借等の取引を行っております。役員の兼任4人
多摩医療PFI㈱	東京都中央区	500	医療センターの運営	95.0	当社に工事を発注しております。役員の兼任6人
MM21-46特定目的会社 ※	東京都千代田区	24,401	開発事業	—	当社に工事を発注しております。
つくば営農型太陽光発電㈱	東京都中央区	450	売電事業	100	役員の兼任3人
シミズ・USA・ホールディングス社 ※	アメリカ合衆国デラウェア州	千US$95,000	北米における持株会社	100	役員の兼任3人
シミズ・アメリカ社	アメリカ合衆国デラウェア州	US$1	北米における事業の統括	100（100）	役員の兼任4人
シミズ・ノースアメリカLLC	アメリカ合衆国デラウェア州	千US$3,000	建設事業	100（100）	役員の兼任3人
シミズ・リアルティ・デベロップメント(U.S.A.)社	アメリカ合衆国デラウェア州	US$1	開発事業	100（100）	役員の兼任4人
シミズ・インターナショナル・ファイナンス(U.S.A.)社	アメリカ合衆国デラウェア州	千US$30,000	当社関係会社への融資	100（100）	役員の兼任3人
SCB Boylston PO, LLC ※	アメリカ合衆国デラウェア州	千US$79,500	開発事業	97.0（97.0）	－
SCB Boylston Holding, LLC ※	アメリカ合衆国デラウェア州	千US$79,500	開発事業	97.0（97.0）	－
SC Boylston Investment, LLC ※	アメリカ合衆国デラウェア州	千US$77,800	開発事業	99.5（99.5）	－
清水建設（中国）有限公司	中華人民共和国上海市	千元80,000	建設事業	100	役員の兼任4人
シミズ・インベストメント（アジア）社	シンガポール共和国	千シンガポールドル84,000	開発事業	100	役員の兼任4人
シミズ・インターナショナル・キャピタル(シンガポール)社	シンガポール共和国	千シンガポールドル10,000	当社関係会社への融資	100	役員の兼任3人
その他101社	－	－			

（point） **事業の内容**

　会社の事業がどのようにセグメント分けされているか，そして各セグメントではどのようなビジネスを行っているかなどの説明がある。また最後に事業の系統図が載せてあり，本社，取引先，国内外子会社の製品・サービスや部品の流れが分かる。ただセグメントが多いコングロマリットをすぐに理解するのは簡単ではない。

（注）1　議決権の所有割合の（　）内は，間接所有割合で内数であります。

　　　2　日本道路（株）は，有価証券報告書を提出している会社であります。

　　　3　※　特定子会社であります。

(2)　持分法適用関連会社 ···

（2023年3月31日現在）

名称	住所	資本金又は出資金（百万円）	主要な事業の内容	議決権の所有割合（%）	関係内容
東京コンクリート㈱	東京都江東区	150	建設事業	33.3	役員の兼任2人
㈱幕張テクノガーデン	千葉市美浜区	1,500	開発事業	26.7	役員の兼任1人
プロパティデータバンク㈱	東京都港区	332	不動産関連情報の運用管理	24.3	－
その他6社	－	－	－	－	－

（注）　プロパティデータバンク（株）は，有価証券報告書を提出している会社であります。

5　従業員の状況

(1)　連結会社の状況 ···

（2023年3月31日現在）

セグメントの名称	従業員数（人）
当社建設	9,397 (513)
当社投資開発	98 (3)
その他	10,374 (2,124)
合計	19,869 (2,640)

（注）　従業員数は，（　）内に内書きで記載した期末の契約社員数を含む合計人数を記載しております。

　　　なお，契約社員数には再雇用社員数，嘱託社員数を含めて記載しております。

(2) 提出会社の状況

（2022年3月31日現在）

従業員数(人)	平均年齢(歳)	平均勤続年数(年)	平均年間給与(千円)
10,845 (639)	43.4	15.9	9,716

セグメントの名称	従業員数(人)
当社建設	9,397 (513)
当社投資開発	98 (3)
その他	1,350 (123)
合計	10,845 (639)

(注) 1　従業員数は，（　）内に内書きで記載した期末の契約社員数を含む合計人数を記載しております。
　　　　なお，契約社員数には再雇用社員数，嘱託社員数を含めて記載しております。
　　　2　平均年齢，平均勤続年数，平均年間給与は，契約社員639人を除く従業員10,206人の状況を記載しております。
　　　3　平均年間給与は，期末手当及び諸手当を含んでおります。

(3) 労働組合の状況

特記事項はありません。

1 経営方針，経営環境及び対処すべき課題等

文中の将来に関する事項は，当連結会計年度末現在において当社グループが判断したものであります。

（1）シミズグループの中長期的な経営方針 ··

当社は，1887年に相談役としてお迎えした渋沢栄一翁の教えである道徳と経済の合一を旨とする「論語と算盤」を「社是」とし，この考え方を基に，「真摯な姿勢と絶えざる革新志向により，社会の期待を超える価値を創造し，持続可能な未来づくりに貢献する」ことを「経営理念」として定めております。

2019年5月，当社は，2030年を見据えたシミズグループの長期ビジョン「SHIMZ VISION 2030」と，当面5年間の基本方針と重点戦略を取りまとめた「中期経営計画〈2019 - 2023〉」を策定しました。

「SHIMZ VISION 2030」

■目指す姿『スマート イノベーション カンパニー』

建設事業の枠を超えた不断の自己変革と挑戦，多様なパートナーとの共創を通じて，時代を先取りする価値を創造（スマート イノベーション）し，人々が豊かさと幸福を実感できる，持続可能な未来社会の実現に貢献します。

■シミズグループが社会に提供する価値

イノベーションを通じた価値の提供により，SDGsの達成に貢献します。

① 安全・安心でレジリエント※1な社会の実現

地震や巨大台風，豪雨などの自然災害リスクが高まる中，生活と事業を災害から守ることが求められています。強靭な建物・インフラの構築を通じて，安全・安心でレジリエントな社会の実現に貢献していきます。

・強靭な社会インフラの構築

・建物・インフラの長寿命化

・防災・減災技術の普及

・ecoBCP※2の普及

(point) **関係会社の状況**

主に子会社のリストであり,事業内容や親会社との関係についての説明がされている。特に製造業の場合などは子会社の数が多く，すべてを把握することは難しいが，重要な役割を担っている子会社も多くある。有報の他の項目では一度も触れられていない場合が多いので，気になる会社については個別に調べておくことが望ましい。

※1 レジリエント：強くしなやかで復元力がある

※2 ecoBCP：平常時の節電・省エネ (eco) 対策と非常時の事業継続 (BCP) 対策を両立する施設・まちづくり

② 健康・快適に暮らせるインクルーシブ※な社会の実現

　高齢化や人口減少，都市化などの急速な社会変化が進む中，誰もが安心して快適に暮らせる社会が求められています。人に優しい施設やまちづくりを通じて，健康・快適に暮らせるインクルーシブな社会の実現に貢献していきます。

・ICT を活用したまちづくり

・ユニバーサルデザインの普及

・well-being の提供

・人類の活躍フィールドの拡大（海洋，宇宙へ）

　　※　インクルーシブ：すべての人が社会の一員として参加できる

③ 地球環境に配慮したサステナブル※な社会の実現

　地球温暖化や森林破壊，海洋汚染などが深刻化する中，次世代に豊かな地球を残すことが求められています。環境負荷低減を目指す企業活動を通じて，地球環境に配慮したサステナブルな社会の実現に貢献していきます。

・再生可能エネルギーの普及

・省エネ・創エネ，ZEB（ゼロ・エネルギー・ビル）化の推進

・事業活動における CO_2 排出量削減

・自然環境と生物多様性の保全

　　※　サステナブル：地球環境を保全しつつ持続的発展が可能な

■ビジョンの達成に向けて

　3つのイノベーションの融合により，新たな価値を創造するスマート イノベーション カンパニーを目指します。

① 事業構造のイノベーション

　ビジネスモデルの多様化とグローバル展開の加速，及び，グループ経営力の向上

② 技術のイノベーション

　建設事業の一層の強化に向けた生産技術の革新と未来社会のメガトレンドに応える先端技術の開発

③　人財のイノベーション

　　多様な人財が活躍できる“働き方改革”の推進と社外人財との“共創”による「知」の集積

■目指す収益構造

　　スマートイノベーションカンパニーへの進化により，2030年度に連結経常利益2,000億円以上を目指します。

　　連結売上利益の構成は，事業別では，建設65％，非建設35％，地域別では，国内75％，海外25％を想定しております。

「中期経営計画〈2019－2023〉」

■中期経営計画の位置付け

　　企業価値の持続的成長を目指し，外部環境の変化に機敏に対応しつつ，利益水準を維持するとともに，2019年度から2023年度までの5年間を新たな収益基盤の確立に向けた先行投資期間として位置付けております。

■基本方針

　　建設事業の深耕・進化と，非建設事業の収益基盤確立及び成長を支える経営基盤の強化を図り，グローバル展開の加速とESG経営の推進により，シミズグループの企業価値向上を実現し，SDGsの達成に貢献します。

■経営数値目標（連結ベース）

　　建設事業での安定的な収益基盤を維持しつつ，非建設事業の着実な収益力向上により中長期的に収益構造を強化し，グループの持続的成長を実現します。

　　非建設事業の成長に資する投資を着実に実施しつつ，財務体質の健全性を維持します。

中期経営計画〈2019 - 2023〉		
	2023年度 目標	財務ＫＰＩ
総売上高	18,800	
建設事業	15,500	ＲＯＥ　　　　　10％以上
非建設事業	3,300	自己資本比率　40％以上
売上利益	2,350	負債資本倍率　0.7倍以下
建設事業	1,850	（Ｄ／Ｅレシオ）
非建設事業	500	配当性向　　　30％程度※
経常利益	1,400	

※　2023年度は，40％程度へ引き上げる方針としております。

■資本政策

　当社は「中期経営計画〈2019 - 2023〉」において，政策保有株式の縮減とその売却代金の一部を原資とした自己株式の取得を方針としております。2022年度は大型工事の工事資金立替に伴う資金需要が大きく，自己株式の取得を見送りましたが，2022年度下期に政策保有株式の縮減が順調に進捗し，大型工事の工事代金回収も進んだため，2023年度に200億円の自己株式の取得を行うとともに，2019年度及び2021年度に取得した400億円の自己株式を2023年5月12日付で全て消却し，資本効率の向上による更なる企業価値向上を図ることとしました。

　当社は，2026年度末までに政策保有株式の残高を連結純資産の20％以下とすることを目指すとともに，政策保有株式の縮減に合わせ，2024年度以降も自己株式の取得を継続する予定です。

　なお，2023年度の連結配当性向については，従来の30％から40％程度へ引き上げる方針としております。

■政策保有株式の保有方針・縮減状況・議決権行使

①　保有方針

　　当社は，営業政策上の必要性がある場合，主に「取引先との信頼関係の維持・強化」の目的で，政策保有株式として，取引先の株式を保有します。主要な政策保有株式については，取締役会が保有によって得られる当社の利益と取得額，株価変動リスク等を総合的に勘案して取得の可否を判断しております。保有株

(point) **従業員の状況**

　　主力セグメントや，これまで会社を支えてきたセグメントの人数が多い傾向があるのは当然のことだろう。上場している大企業であれば平均年齢は40歳前後だ。また労働組合の状況にページが割かれている場合がある。その情報を載せている背景として，労働組合の力が強く，人数を削減しにくい企業体質だということを意味している。

式については，毎年，個別銘柄毎に，株式保有に伴うコストやリスク，営業上の便益等の経済合理性を総合的に勘案のうえ，取締役会にて，保有の必要性を検証し，取引先との信頼関係を確認しながら，段階的に縮減を進め，資本の有効活用を図ります。

② 縮減状況

　2022年度に売却しました上場株式の銘柄数は21銘柄（一部売却を含む），売却額は263億円となり，2018年度から2022年度までに縮減した上場株式の銘柄数は62銘柄（一部売却を含む），売却額は879億円となりました。その結果，上場株式の銘柄数は，2018年度期初時点の187銘柄から，2023年3月末時点では143銘柄へと減少しております。なお，2023年度の売却金額については，300億円程度を見込むとともに，当社は，2026年度末までに政策保有株式の残高を連結純資産の20％以下とすることを目指しております。

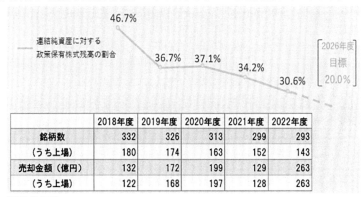

	2018年度	2019年度	2020年度	2021年度	2022年度
銘柄数	332	326	313	299	293
（うち上場）	180	174	163	152	143
売却金額（億円）	132	172	199	129	263
（うち上場）	122	168	197	128	263

③ 議決権行使

　当社は，政策保有株式に係る議決権行使については，前述の「①保有方針」を踏まえ，議案の内容を検討し，当社及び取引先の企業価値向上に資するか否かの観点から賛否を総合的に判断し，適切に議決権を行使します。

■投資計画

　長期ビジョン達成に向けた新たな収益基盤確立のため，5年間で7,500億円の投資を実施します。

項目		投資額（5ヶ年）
生産性向上・研究開発投資	1,000億円	・建設生産システムの進化（ロボット等） ・研究開発拠点の拡充 ・デジタル関連投資　他
不動産開発事業	5,000億円	・国内開発事業・賃貸資産の拡充 ・海外事業の拡大（ASEAN・北米等）他 　　新規投資額　　　　5,000億円 　　売却による回収　▲1,000億円 　　ＮＥＴ投資額　　　4,000億円
インフラ・再生可能エネルギー 新規事業（フロンティア事業他）	1,300億円	・インフラ運営・ＢＳＰ事業 ・再生可能エネルギー関連事業 ・宇宙・海洋・自然共生事業 ・次世代ベンチャー投資　他
人財関連	200億円	・高度プロフェッショナル人財 ・グローバル化・制度改革　他
5ヶ年投資額　合計	7,500億円	

■非財務KPI

　建設事業における労働生産性を向上させるとともに，ESGの観点から企業価値の向上を図り，SDGsの達成に貢献します。

主要ＫＰＩ		2023年度目標
生産性向上	建設事業における生産性(2016年度比) 向上率	20%以上
環境（E）	建設事業におけるＣＯ２排出量（2017 年度比）削減率※1	10%以上
社会（S）	働きがい指標※2	4.0以上
ガバナンス（G）	重大な法令違反件数	0件

※1　当社エコロジー・ミッション2030・2050活動に対応する目標

※2　当社従業員に対する「働きがい意識調査」による指標（5段階評価の平均）

■ESG経営の推進

　シミズグループは，ESG経営を推進し，事業活動を通じて社会的責任を果たすことで，ステークホルダーからの信頼を高めるとともに，中長期的な企業価値向上と持続的な成長を実現します。

主な取組み

① 「シミズめぐりの森」プロジェクトが始動

　　循環型の木材活用の推進に向けて，群馬県川場村において「シミズめぐりの

(point) **業績等の概要**

　この項目では今期の売上や営業利益などの業績がどうだったのか，収益が伸びたあるいは減少した理由は何か，そして伸ばすためにどんなことを行ったかということがセグメントごとに分かる。現在，会社がどのようなビジネスを行っているのか最も分かりやすい箇所だと言える。

森」プロジェクトを開始しました。この活動は，村有地約3haを借り受け，最大50年間にわたり自社施工建物で使う木材を生み出す森林を育成するものです。昨年10月には第1回の植林活動を行い，当社と協力会社の関係者約50名が，約2,000m★2の林地にカラマツの苗木約400本を植樹しました。今後も継続して森林の育成に取り組み，脱炭素社会の実現に貢献していきます。

② 「対話」と「サーベイ」による働きがいの向上

「働きがいと魅力あふれる職場」の実現に向けて，当社は様々な施策に取り組んでおります。

1on1ミーティングなどの対話によって，一人ひとりの意識・行動変革を促し，パルスサーベイ（簡易なアンケートを短期的なサイクルで繰り返し実施し，組織や個人の状態や変化を可視化する調査手法）によって，組織課題の見える化を図ることで，労働環境の改善や働きがいの向上を目指します。

③ 建物利用者のウェルビーイング向上に寄与

人の健康とウェルビーイングの観点から，働く人の健康を重視したワークプレイスが求められております。

2020年に竣工した自社開発ビル「横浜グランゲート」では，利用者の健康や快適性に着目した国際的な建物認証制度・WELL認証の「Core & Shell」区分で，国内初となるゴールドランク認証を取得しております。また，自社開発物件の認証取得だけでなく，WELL認証取得のコンサルティング事業も展開しており，顧客に従業員の健康増進，生産性の向上，さらには優秀な人財獲得といった様々な機会を提供していきます。

④ 建設キャリアアップシステム（CCUS）普及の推進

建設技能者の処遇改善，入職促進の基礎的インフラとなる建設キャリアアップシステム

（CCUS）の普及促進に，当社は一般社団法人日本建設業連合会のCCUS推進本部長

会社として，積極的に取り組んでおります。

2023年3月末時点で，協力会社の事業者登録率89.1％（一人親方除く），技能登録者率77.3％を達成しました。

（2） 対処すべき課題 ……………………………………………………………

■総労働時間の削減に向けた取組み

　2024年4月から改正労働基準法による時間外労働時間の上限規制が建設業に
も適用されるため，長時間労働の是正は喫緊の課題となっております。当社では
総労働時間の削減に向けて2024年度までの活動ロードマップを策定し，「柔軟な
働き方の推進」「ワークシェアリングの推進」「営業から施工までの生産プロセス
全体の最適化」などに部門横断的に取り組んでおります。

　また，時間外労働の上限規制への対応については，2022年4月に設置した「労
働環境改善委員会」において組織的に取り組んでまいりましたが，2023年4月
には専門の委員会である「2024年問題対策委員会」を設置しました。対応完了
に向け，全社を挙げた取組みを加速してまいります。

2　サステナビリティに関する考え方及び取組

　当社グループのサステナビリティに関する考え方及び取組みは，以下のとおり
です。なお，文中の将来に関する事項は，当連結会計年度末現在において当社グ
ループが判断したものであります。

　当社は，社是「論語と算盤」及びその考え方を基にした経営理念「真摯な姿勢
と絶えざる革新志向により，社会の期待を超える価値を創造し，持続可能な未来
づくりに貢献する」に基づき，自社のみならず，社会・環境のサステナビリティ
を強く意識したうえで，事業活動を行っております。

　2030年を見据えた長期ビジョン「SHIMZ VISION2030」においては，当社グ
ループは，建設事業の枠を超えた不断の自己変革と挑戦，多様なパートナーとの
共創を通じて，時代を先取りする価値を創造（スマートイノベーション）し，人々
が豊かさと幸福を実感できる，持続可能な未来社会の実現に貢献することを謳っ
ております。

　また，「中期経営計画〈2019‐2023〉」では，基本方針で「ESG経営の推進」
を掲げ，「持続可能な地球環境への貢献」，人権尊重の徹底やサプライチェーンを
含む労働環境の整備，地域社会との共生など「すべてのステークホルダーとの共
生」，「コンプライアンスの徹底とリスクマネジメントの強化」を図っております。

加えて，ESGの各分野で非財務KPIを設定するとともに，投資計画において生産性向上や再生可能エネルギー事業，人財関連への重点投資を示し，取組みを進めております。

　当社グループは，ステークホルダーからの信頼を高めるため，事業活動やサステナビリティに資する取組みについて，的確な情報開示と対話を促進し，ガバナンスの向上とリスク管理の強化に努めております。

（1）　サステナビリティ全般に関するガバナンス及びリスク管理 ‥‥‥‥‥‥‥

　当社は，社長を委員長とする「サステナビリティ委員会 ※」を設置し，当社グループのESGに関する方針と重点施策並びにESGに関する情報開示（TCFD提言に基づく情報開示など）の審議・決定を行い，重要事項については，取締役会に報告を行い，監督する体制を構築しております。

　併せて，気候変動や人権等に関わるリスク情報については，社長を委員長とする「リスク管理委員会」に共有するとともに，取締役会に適宜報告を行い，監督する体制を構築しております。

※　委員会名称：2022年度は「SDGs・ESG推進委員会」，2023年4月から「サステナビリティ委員会」に改称（以下，「サステナビリティ委員会」）

　また，2023年4月から本委員会の下部組織として，E，S，Gのテーマごとに部会を設置し，関連する機能別部門・部署に対して指示または報告を受ける体制を整えております。

＜サステナビリティに関するガバナンス体制図＞

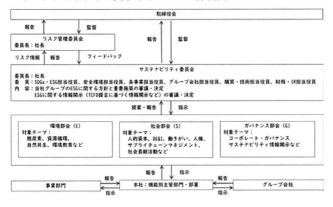

（2）　マテリアリティの特定 ···

　当社は，SDGsをはじめとする様々な社会課題や当社の社是，経営理念，長期ビジョン等を勘案し，「社会への影響度」と「自社にとっての影響度」の２つの側面から重要度を検討のうえマテリアリティ（重要課題）を特定し，サステナビリティを強く意識した事業活動を推進しております。

＜当社のマテリアリティ（７つのカテゴリーに分類して整理）＞

　「マテリアリティ」の詳細については，下記URLよりご参照ください。

https://www.shimz.co.jp/company/csr/materiality/

（3）　気候変動に関する当社グループの考え方及び取組み ·············

　当社グループは，気候変動による事業への影響を重要な経営課題と捉え，ESG経営の観点からも，気候関連情報の開示を重視し，2019年10月には，TCFD提言への賛同を表明し，「TCFDコンソーシアム」に参画するとともに，2020年から同提言に沿った気候関連の情報を開示しております。

①　ガバナンス

　サステナビリティ委員会において，気候関連のリスクと機会の特定と評価の結果を審議するとともに，CO₂排出量削減の中長期目標「エコロジー・ミッション2030-2050」等の達成度を管理し，重要事項は取締役会に報告され，監督する体制となっております。また，本委員会で決定されたシミズグループの環境問題に関する重要事項は，本委員会の下部組織である環境部会を通じて，事業部門（支

店を含む）及びグループ会社に伝達され，主要サプライヤーも含めた環境に関するガバナンス体系を構築しております。

② 戦略

当社グループの事業に影響を与える気候関連のリスクと機会は，脱炭素社会の構築に必要な政策や規制の強化及び市場の変化等の「移行」に関するものと，地球温暖化による急性的・慢性的な「物理的変化」が考えられます。また，「2050年までにカーボンニュートラル達成」との日本政府の方針が示され，ビジネスモデルの変革や産業構造の転換が求められており，既に市場や社会環境の変化も生じております。

なお，「移行」と「物理的変化」に関するリスクと機会を検討するにあたり，以下のシナリオを採用しております。

・移行シナリオ　：国際エネルギー機関（IEA）が策定したシナリオのうち，産業革命前と比べて今世紀末の気温上昇を1.5℃未満に抑えるシナリオ（SDS）

・物理的シナリオ：国際気候変動に関する政府間パネル（IPCC）が策定したシナリオのうち，産業革命前と比べて今世紀末の気温上昇が4℃を越えるシナリオ（RCP8.5）

＜当社グループの事業に与える影響度が「大」となる主な要因と対応＞

	主な要因	影響時期※	当社の主な対応
機会	省エネルギービルのニーズ拡大	中期	・ZEBの設計施工を推進
	再生可能エネルギーのニーズ拡大	短期～中期	・再生可能エネルギー事業を推進 ・水素エネルギー利用システムを開発・実用化
	気候変動による市場の変化	短期～長期	・BCP対応の提案実施 ・非建設分野における新たな事業の創出
	国土強靱化政策	短期～中期	・インフラ整備事業の受注活動を強化
リスク	夏季の平均気温上昇	中期	・ロボット，ICT，AI等を活用し，現場の省人化と生産性の向上を推進 ・働き方改革や熱中症対策など，労働環境を改善

※　短期：3年以内，中期：3年超～10年以内，長期：10年超と設定

③ **リスク管理**

当社グループは，グループ環境ビジョン「SHIMZ Beyond Zero 2050」のもと，気候変動をはじめとする環境に関連する事業リスクの最小化と，機会の最大化を目指しております。

サステナビリティ委員会において，気候変動への対応に関する日本と世界の動向等が報告され，気候関連のリスク管理についても審議しております。また，本委員会では，地球温暖化に対するリスク管理として，事業による温室効果ガス（CO_2）の排出量の削減目標を設定し，目標を達成するための具体的な施策（建設作業所における使用エネルギーの軽油から電力へのシフト，再生可能エネルギー由来電力の使用拡大等）を決定するとともに，温室効果ガス（CO_2）の排出量の定期的監視を実施しております。

これらのリスク管理を通じて，今後，多様化・広域化・激甚化する気候変動に関するリスクや機会に対処していきます。

④ **指標と目標**

当社グループでは，気候関連のリスクが経営に及ぼす影響を評価・管理するため，温室効果ガス（CO_2）総排出量を指標とし，SBT ※1に基づいた中長期の温室効果ガス（CO_2）の削減目標（SBTイニシアティブから認証を取得）を設定しております。

※1　Science BasedTargets（科学的根拠に基づく目標）
　　　世界の平均気温の上昇を「2℃（もしくは1.5℃）未満」に抑えるための，企業の科学的な知見と整合した温室効果ガスの排出量削減目標

＜温室効果ガス（CO_2）削減目標と実績（2021年度）※2＞

（単位：t－CO_2）

対象Scope	基準排出量	排出量実績	目標年排出量		
	2017年度	2021年度実績	2023年度	2030年度	2050年度
Scope 1 ※3 ＋ Scope 2 ※4	275,575	233,102 （△15.3%）	248,040 （△10%）	184,650 （△33%）	0 （△100%）
（Scope 1）	216,710	197,818	－	－	－
（Scope 2）	58,865	35,284	－	－	－
Scope 3 ※5 （Category11 ※6）	3,451,656	5,407,779 （＋56.7%）	－	2,761,320 （△20%）	0 （△100%）

(point) **生産及び販売の状況**

生産高よりも販売高の金額の方が大きい場合は，作った分よりも売れていることを意味するので，景気が良い，あるいは会社のビジネスがうまくいっていると言えるケースが多い。逆に販売額の方が小さい場合は製品が売れなく，在庫が増えて景気が悪くなっていると言える場合がある。

※2 2022年度の排出量実績は算定中であります。また,目標及び実績に,日本道路(株)の温室効果ガス(CO₂)排出量は含まれておりません。

3 重機等の燃料使用に伴う排出(直接排出)

4 購入した電力・熱の使用に伴う排出(電力会社等による間接排出)

5 サプライチェーンにおけるその他の間接排出

6 (販売した製品の使用)設計施工ビル運用時のCO_2排出量

「TCFD提言に基づく気候関連の情報開示」の詳細については,下記URLよりご参照ください。 https://www.shimz.co.jp/company/csr/environment/tcfd/

(4) 人財育成方針・社内環境整備方針 ……………………………………

当社グループは,中期経営計画〈2019 - 2023〉において人財育成・働き方改革を重点戦略に位置づけております。その中で,①グローバル人財・イノベーション人財戦略の推進,②「働きがい」の継続的な向上,③多様な人々が活躍できるインクルーシブな人財マネジメントの構築を3つの柱に据えて,次世代を担う人財を確保・育成するとともに,多様で柔軟な働き方の定着と働きがいのある職場環境の実現に取り組んでおります。

① グローバル人財・イノベーション人財戦略の推進

当社は,デジタル化・グローバル化といったダイナミックな環境変化に迅速に対応し,変化をビジネスチャンスとして企業の持続的成長に繋げるためには,自律性とチャレンジ精神が重要と考え,優秀な人財の確保・育成に向けて,人財管理の仕組みづくりや計画的かつ継続的な人財投資を行っております。加えて,グローバルに通用し,改革を率先するリーダー人財の育成の場を拡充するとともに,チャレンジする機会を創出し,事業家マインドを持った人財の育成と活用を進めております。

＜主な取組み＞

・成長意欲の伸長を促す評価制度の導入(2021年4月〜)

・シニア世代の活躍推進にも着目した65歳までの定年延長(2021年4月〜)

・360度フィードバックや外部アセスメントを活用した多角的なフィードバックの開始(2021年10月〜)

・全従業員が受講可能な情報系教育コンテンツの配信開始(2021年11月〜)

・従業員の起業を支援するコーポレートベンチャリング制度の開始(2022年5

(point) **対処すべき課題**

> 有報のなかで最も重要であり注目すべき項目。今,事業のなかで何かしら問題があればそれに対してどんな対策があるのか,上手くいっている部分をどう伸ばしていくのかなどの重要なヒントを得ることができる。また今後の成長に向けた技術開発の方向性や,新規事業の戦略についての理解を深めることができる。

月〜）

・公募留学制度の開始（2022年5月〜）

・公募職務に対して希望者が自ら手を挙げるジョブチャレンジ制度の開始
（2022年11月〜）

2023年には，東京都江東区潮見に潮見イノベーションセンター（仮称）のオープンを予定しております。当該施設においては，次の100年を見据え，当社のDNAを継承しながら，新しい価値の創造を牽引できる人財の育成と，多様な社外パートナーとの共創を活性化するオープンイノベーションのプラットフォームを構築し，人財イノベーションを加速していきます。

＜人財関連投資の状況＞

	計画〈 2019-2023 〉	実績〈 2019-2022累計 〉
人財関連投資	200億円	130億円

② 「働きがい」の継続的な向上

当社は，「働きがい」の継続的な向上のため，2018年から全従業員を対象とした「働きがい　意識調査」を毎年実施し，従業員の"働きがい"を定量的に把握しており，2023年度までに働きがい指標※を4.0以上にすることを目標に，様々な施策に取り組んでおります。

＜働きがい指標の状況＞

	2023年度目標	2022年度実績
働きがい指標	4.0以上	3.67

※　当社従業員に対する「働きがい意識調査」による指標（5段階評価の平均）

当社は，従業員の理解を深め，目指す姿へのベクトルを合わせるために「働きがいと魅力あふれる職場づくり」に向けたグランドデザインを策定し，1on1ミーティングやパルスサーベイを活用した，対話（コミュニケーション）による意識・行動変革を進めております。

＜「働きがいと魅力あふれる職場づくり」に向けたグランドデザイン＞

　また，当社は，「いつでも・どこでも・安全に」業務ができるインフラとして，IT環境の整備及びネットワーク環境の増強，全従業員へ業務用パソコン及びスマートフォン等を貸与するほか，リモートワークやスライド勤務，電子決裁の推進など，多様かつ柔軟な働き方を選択できる環境を整備しております。

③　**多様な人々が活躍できるインクルーシブな人財マネジメントの構築**

　当社は，DE＆I（ダイバーシティ・エクイティ＆インクルージョン）の推進や働きやすい職場環境の整備等，計画的に取組みを進めております。

＜主な取組み＞

・改正育児・介護休業法の施行に先駆けた男性版産休制度「パタニティ休業制度」の導入（2021年10月〜）

・自身または配偶者の妊娠がわかった段階で上職者と休業前後の働き方等のすり合わせを行い，対象者が安心して休めることを目的とした「育児とキャリアの面談」の導入（2021年10月〜）

・社内のジェンダーギャップ解消を目的とした「シン・ダイバーシティ」活動の展開（2022年5月〜）

・ダイバーシティを理解し，活用できるマネジメント層の拡充を目的とした「インクルーシブリーダー研修」の実施（毎年度）

---

point　**事業等のリスク**

　「対処すべき課題」の次に重要な項目。新規参入により長期的に価格競争が激しくなり企業の体力が奪われるようなことがあるため，その事業がどの程度参入障壁が高く安定したビジネスなのかなど考えるきっかけになる。また，規制や法律，訴訟なども企業によっては大きな問題になる可能性があるため，注意深く読む必要がある。

・障がいのある従業員の活躍推進と全従業員の意識啓発を目的とした「チャレンジフォーラム」の開催（毎年度）

　管理職への登用にあたっては，多様性を尊重し，性別，性的指向，性自認，国籍，障がいの有無，新卒・中途の採用区分等に関係なく，能力や人物を評価したうえで実施しております。

　これらの取組みの結果，女性管理職数は，2019年度に設定した目標「2023年度までに2018年度（84名）比50％増」を2021年度に前倒しで達成するなど，着実に増加しております。今後，さらなる取組みを実施し，企業文化を含む，企業変革を確実に進めていきます。

＜女性従業員の管理職への登用の状況（2023年3月末時点）＞

	人数 （総数に占める比率）	管理職人数 （管理職総数に占める比率）	女性管理職比率 目標値
女性従業員	1,865名 （17.2％）	140名 （3.3％）	2025年度　　5％以上 2030年度　10％以上

　また，当社は，従業員の健康増進に向けて，全社的な推進体制を整備し，必要な施策を継続的に実行しております。

＜主な取組み＞
・勤務時間中の喫煙禁止と本社の喫煙所の廃止（2021年10月〜）
・多様な相談窓口の設置，各拠点への常勤産業保健スタッフの配置などメンタルヘルスの向上をサポートする体制の強化（2022年4月〜）
・職場環境改善に向けたフォローの強化（職場巡回，希望者との面談など）（2022年4月〜）
・睡眠改善の全社的取組みの実施（2022年10月〜）

　以上の取組みの結果，当社は，特に優良な健康経営 ® を実践している企業を顕彰する健康経営優良法人2023に認定されました。引き続き，一人ひとりの心身の健康，職場の活性化等による健康経営への取組みを推進していきます。

※　「健康経営®」はNPO法人健康経営研究会の登録商標です。

　当社グループは，事業活動の遂行において直面し，あるいは事業活動の中で発生し得るさまざまなリスクを認識し，的確な管理を行うことによって，その発生の可能性を低下させるとともに，発生した場合の損失を最小限にとどめることにより，事業の継続的・安定的発展の確保に努めております。中期経営計画〈2019－2023〉においても，基本方針において「ESG経営の推進」を掲げ，「コンプライアンスの徹底とリスクマネジメントの強化」を重要施策の一つとしております。

　なお，リスクとは，以下の観点から，当社グループの経営において経営目標の達成を阻害する要因すべてを指します。

- ・当社グループに直接又は間接に経済的損失をもたらす可能性のあるもの
- ・当社グループ事業の継続を中断・停止させる可能性のあるもの
- ・当社グループの信用を毀損し，ブランドイメージを失墜させる可能性のあるもの

　当社は，リスク管理規程に基づき，社長が委員長を務めるリスク管理委員会において，毎年度，全社の「重点リスク管理項目」を定めて各部門の運営計画に反映させており，当該項目には，法令違反リスクや安全・環境・品質に関するリスク等のESG要素も含まれております。同委員会は，本社部門，各事業部門及びグループ会社における機能別のリスク管理状況を定期的（年2回）にモニタリングし，必要に応じて是正・改善措置を指示するとともに，新たなリスクへの対応を図り，その対応状況を取締役会に定期的（年2回）に報告しております。

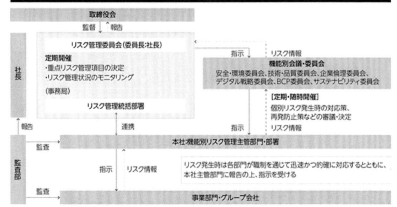

　有価証券報告書に記載した事業の状況，経理の状況等に関する事項のうち，経営者が当社グループの財政状態，経営成績及びキャッシュ・フローの状況に重要な影響を及ぼす可能性があると認識している主要なリスクには，次のようなものがあります。ただし，当社グループに関するすべてのリスクを網羅したものではなく，現時点で予見しがたいリスクが顕在化し，投資家の判断に重要な影響を及ぼす可能性があります。

　なお，文中の将来に関する事項は，当連結会計年度末現在において当社グループが判断したものであります。

　当社グループは，こうしたリスク管理体制のもと，下記に掲げる対応策を適宜実施することにより，リスクの回避又は軽減を図ることで，経営への影響の低減に努めております。

（1） 主に外部環境の変化に伴うリスク ···

	主なリスクの概要	主な対応策・取組み
①	**建設市場の縮小リスク** 国内外の景気後退等により民間設備投資が縮小した場合や、財政健全化等を目的として公共投資が減少した場合には、今後の受注動向に影響を及ぼす可能性があります。	取締役会で建設事業の受注見通し、案件量を毎月フォローし、執行役員会議・事業部門長会議等において適宜必要な対策を指示しております。 2030年を見据えた長期ビジョン「SHIMZ VISION 2030」において非建設事業の拡充による収益構造の転換を掲げ、中期経営計画（2019 - 2023）によって事業推進しております。
②	**建設資材価格及び労務単価の変動リスク** 建設資材価格や労務単価等が、請負契約締結後に予想を超えて大幅に上昇し、それを請負金額に反映することが困難な場合には、建設コストの増加につながり、損益が悪化する可能性があります。	工事請負契約の締結にあたって、原則として労務賃金・建設物価の変動に基づく請負代金の変更に関する規定（スライド条項等）を採用するよう、発注者との協議に努めております。
③	**取引先の信用リスク** 発注者、協力会社、共同施工会社などの取引先が信用不安に陥った場合には、資金の回収不能や施工遅延などの事態が発生する可能性があります。	取引先に対する与信審査の徹底と継続的なモニタリングを行うとともに、当社グループの債権保全が可能な契約の締結に努めております。
④	**海外事業リスク** 海外での事業を展開するうえで、進出国での政治・経済情勢、為替、租税制度や法的規制等に著しい変化が生じた場合や、テロ・戦争・暴動等の発生、資材価格の高騰及び労務単価の著しい上昇や労務需給のひっ迫があった場合には、工事の進捗や工事損益に影響を及ぼす可能性があります。	海外事業展開にあたって、事業機会とともにカントリーリスク等も踏まえて地域や国を絞り込み、必要な対策を図っております。 （主な取組み） ・海外大型案件取組み時の審査体制の強化 ・契約リスク管理部署の設置 ・コンサルの活用等によるテロ対策の実施 ・腐敗防止の取組み
⑤	**投資開発事業リスク** 景気の減速による不動産市況の低迷や金融市場の変動など、投資開発分野の事業環境に著しい変化が生じた場合には、業績に影響を及ぼす可能性があります。	企業体力に見合ったリスクの範囲内で事業を行うよう毎年度投資計画を策定するとともに、個別案件の取組みにおいては、投資取組基準に基づき、出口戦略（投資の回収計画）も含めて計画的に投資を行っております。 取締役会で投資開発事業の進捗状況、投資残高、事業ポートフォリオ、時価評価を定期的にフォローし、必要な対策を図っております。

	主なリスクの概要	主な対応策・取組み
⑥	長期にわたる事業におけるリスク ＰＦＩ事業、再生可能エネルギー事業等の長期にわたる事業において、諸物価や人件費、金利等の上昇、取引先の信用不安など、事業環境に著しい変化が生じた場合には、業績に影響を及ぼす可能性があります。	取締役会でＰＦＩ事業、再生可能エネルギー事業等の進捗状況を定期的にフォローし、必要な対策を図っております。
⑦	投資有価証券の価格変動リスク 投資有価証券の時価が著しく下落した場合には、業績に影響を及ぼす可能性があります。	毎年、個別銘柄ごとに、株式保有に伴うコストやリスク、営業上の便益等の経済合理性を総合的に勘案のうえ、保有意義を見直し、取締役会にて、保有の必要性を検証したうえで、保有意義の低下した銘柄は、原則として売却しております。
⑧	金利水準・為替相場の変動リスク 金利水準の急激な上昇、為替相場の大幅な変動等が生じた場合には、業績に影響を及ぼす可能性があります。	金融相場変動リスク管理規程に従い、リスク管理を行っております。 （主な取組み） ・固定金利による資金調達、金利スワップによる金利変動リスクの低減 ・為替予約、通貨スワップ、現地通貨による資金調達、外貨持高の調整による為替相場変動リスクの低減

	主なリスクの概要	主な対応策・取組み
⑨	自然災害・感染症リスク 地震、津波、風水害等の自然災害や、感染症が流行した場合は、当社グループが保有する資産や従業員に直接被害が及び、事業活動に影響を及ぼす可能性があります。 災害規模が大きな場合には、受注動向の変化・建設資材価格の高騰・電力エネルギー供給能力の低下等で事業環境が変化し、業績に影響を及ぼす可能性があります。	BCP委員会を設置し、BCPの継続的見直しや訓練計画の決定及び実施状況のフォローを行っております。 （主な取組み） ・首都直下地震、南海トラフ地震等の巨大地震を想定した震災訓練の定期的な実施 ・風水害発生時の行動基準の策定、風水害に関する従業員向け研修（eラーニング）の実施及び風水害を想定した訓練の実施 ・災害時情報共有システムの整備 ・非常用電源の確保及び備蓄品の拡充 ・データセンターのバックアップ体制の構築 ・新型コロナウイルスの感染状況に応じた、出張やイベントへの参加、会食等に関する社内ルールの機動的な見直し
⑩	サイバーリスク 標的型メールやマルウェアによるウイルス感染、不正アクセス等のサイバー攻撃の被害にあった場合、事業活動や企業評価に影響を及ぼす可能性があります。	デジタル戦略委員会を設置し、情報セキュリティに関する事項を審議し、必要な対策を図っております。 （主な取組み） ・従業員対象の標的型メール訓練の実施 ・社外公開サーバーの脆弱性診断 ・外部委託によるウイルスの常時監視 ・未知のマルウェア対策の実施
⑪	法令の新設・改廃等に係るリスク 社会や時代の変化により、新たな法規制の制定や法令の改廃等があった場合には、業績や企業評価に影響を及ぼす可能性があります。	事業活動に影響を及ぼす法令の新設・改廃等について適切に対応するため、関連規程・規則を整備し、各種会議体・イントラネット等を用いた社内周知、社内教育・研修（eラーニングを含む）を実施しております。

	主なリスクの概要	主な対応策・取組み
⑫	**気候変動リスク** 脱炭素社会への移行に向けて、建築物の新築時の各種規制の強化や炭素価格付けの導入等がなされた場合、また気候変動の物理的影響として、平均気温の上昇や気象災害が頻発・激甚化した場合、事業活動に影響を及ぼす可能性があります。	2019年10月にＴＣＦＤ（気候関連財務情報開示タスクフォース）提言への賛同を表明し、2020年から毎年、気候変動に関するリスクと機会を分析・開示するとともに、気候変動への対策を図っております。 （主な取組み） ・気候変動関連のリスクと機会について、取締役会で事業戦略との整合性を確認 ・サステナビリティ委員会（委員長：社長）を設置し、気候変動を含む地球環境問題に関する基本的な方針・施策を審議・決定 ・環境ビジョン「SHIMZ Beyond Zero 2050」、ＣＯ₂排出量削減の中長期目標「エコロジー・ミッション2030 - 2050」を掲げ、2050年のカーボンニュートラルの実現に向け、活動を推進 ・気象災害の頻発・激甚化に対し、グループ会社や協力会社を中心にサプライヤーとの連携を強化
⑬	**退職給付債務に関わるリスク** 年金資産の時価の下落及び割引率など退職給付債務の数理計算上の前提を変更する必要が生じた場合、業績に影響を及ぼす可能性があります。	年金資産運用委員会を設置し、資産運用実績や財政決算シミュレーション等について審議を行い、年金資産運用に関する基本方針並びに政策的資産構成割合の見直し・改定を実施するとともに、委託先の運用機関による運用状況について適切なモニタリングを行い、毎年、取締役会に報告しております。

（2）　主に業界特性・組織内部に起因するリスク ·································

	主なリスクの概要	主な対応策・取組み
①	<u>重大事故や契約不適合等のリスク</u> 設計、施工段階における技術・品質面での重大事故・不具合や人身事故、環境事故が発生し、その修復に多大な費用負担や施工遅延が生じたり、重大な契約不適合となった場合には、業績や企業評価に影響を及ぼす可能性があります。	「安全第一」「人命尊重」「顧客第一」「品質確保」「環境保全」の事業姿勢を社内で共有し、安全と品質への意識向上を図っております。 （主な取組み） ・技術・品質委員会、安全・環境委員会の設置 ・建設業労働安全衛生マネジメントシステム（COHSMS）の運用、安全衛生管理基本方針の制定、全社安全衛生計画の策定 ・QMS（品質マネジメントシステム）の実施、品質方針の策定、CS（顧客満足）推進活動の実施 ・EMS（環境マネジメントシステム）の実施、環境基本方針の策定 ・事故・不具合事例のフィードバック、全社水平展開、PDCAの実施
②	<u>個人情報・機密情報漏洩リスク</u> 事業活動において取得した個人情報、機密情報が漏洩した場合には、業績や企業評価に影響を及ぼす可能性があります。	「プライバシー・ポリシー」の制定や個人情報保護規程等の整備、全社個人情報保護管理者の設置により、個人情報の適切な管理を実施するとともに、情報セキュリティリスクに対応するため、各種取組みを実施しております。 （主な取組み） ・「情報セキュリティガイドライン」の適宜見直し ・「情報セキュリティハンドブック」の配布、デジタルサイネージを利用した啓発 ・情報セキュリティeラーニング、情報セキュリティ監査の定期的実施 ・日本シーサート協議会への加盟とCSIRT体制によるインシデント対応

	主なリスクの概要	主な対応策・取組み
③	**法令違反リスク** 当社グループの主な事業分野である建設業界は、建設業法、建築基準法、宅地建物取引業法、国土利用計画法、都市計画法、独占禁止法、さらには安全・環境、労働、ハラスメント関連の法令等、さまざまな法的規制を受けており、当社グループにおいて違法な行為があった場合には、業績や企業評価に影響を及ぼす可能性があります。	社是「論語と算盤」を拳拳服膺し、グループ全体で倫理意識の涵養とコンプライアンスの徹底を図っております。 （主な取組み） ・「企業倫理行動規範」の制定 ・各種法令等に適切に対応するための関連規程類・社内体制の整備 ・企業倫理委員会（委員長：社長）、企業倫理室の設置、内部通報制度（相談連絡先：企業倫理相談室、ハラスメント相談窓口、外部相談窓口、グループ会社相談窓口等）、内部監査体制の整備等、コンプライアンス推進体制の構築 ・経営幹部向け企業倫理研修の定期的実施 　（グループ会社幹部含む） ・全従業員へのコンプライアンス研修（eラーニング含む）を毎年実施 ・独占禁止法順守プログラムや行動規準等の整備、独占禁止法違反行為に対する再発防止策の継続実施 ・社内媒体（社内報・法務ニュース等）を通じた啓発 ・グループ会社も当社に準じてこれらの取組みを実施
④	**中長期的な担い手不足リスク** 建設業の担い手である技能労働者の高齢化が進んでおり、団塊世代が大量離職するまでに、新規入職者の増加による世代交代が進まない場合、生産体制に支障をきたし、事業活動や業績に影響を及ぼす可能性があります。	官民連携のうえ、担い手の確保・育成、処遇改善、建設業界の魅力向上等に取り組んでおります。 （主な取組み） ・適正な請負代金と工期の確保 ・協力会社を通じた技能労働者の賃金水準の向上、社会保険加入促進 ・週休二日推進 ・協力会社への入職支援、優良技能者の表彰・手当支給、多能工化支援 ・技能者訓練施設（清水匠技塾）を活用した、技能者の適応・定着教育の実施 ・女性の活躍推進 ・建設業の魅力をPRする広報活動 ・外国人材の適正な活躍推進 ・建設キャリアアップシステムの普及・推進 ・省人化工法・建設ロボットの開発・採用、ICTの活用を含む生産性向上の取組み

（1） 経営成績等の状況の概要 ···

① 経営成績の状況

当連結会計年度の売上高は，前連結会計年度に比べ30.4％増加し1兆9,338億円となりました。

利益については，営業利益は前連結会計年度に比べ21.0％増加し546億円，経常利益は12.2％増加し565億円，親会社株主に帰属する当期純利益は2.7％増加し490億円となりました。

セグメントの業績は，以下のとおりであります。（セグメントの業績については，セグメント間の内部売上高又は振替高を含めて記載しております。また，報告セグメントの利益は，連結財務諸表の作成にあたって計上した引当金の繰入額及び取崩額を含んでおりません。なお，セグメント利益は，連結損益計算書の営業利益と調整を行っております。）

（当社建設事業）

売上高は，前連結会計年度に比べ21.3％増加し1兆4,390億円となり，セグメント利益は，前連結会計年度に比べ14.4％減少し486億円となりました。

（当社投資開発事業）

売上高は，前連結会計年度に比べ6.8％増加し890億円となり，セグメント利益は，前連結会計年度に比べ20.3％減少し381億円となりました。

（その他）

当社が営んでいるエンジニアリング事業，LCV事業及び子会社が営んでいる各種事業の売上高は，前連結会計年度に比べ59.3％増加し5,684億円となり，セグメント利益は，前連結会計年度に比べ29.8％増加し180億円となりました。

② キャッシュ・フローの状況

当連結会計年度の連結キャッシュ・フローの状況については，投資活動により524億円資金が減少しましたが（前連結会計年度は893億円の資金減少），営業活動により838億円資金が増加し（前連結会計年度は777億円の資金増加），財務活動により656億円資金が増加した結果（前連結会計年度は196億円の資金

増加），現金及び現金同等物の当連結会計年度末の残高は，前連結会計年度末に比べ996億円増加し3,867億円となりました。

③　生産，受注及び販売の状況

　　当社グループが営んでいる事業の大部分を占める建設事業及び開発事業では，「生産」を定義することが困難であり，また，子会社が営んでいる事業には，「受注」生産形態をとっていない事業もあるため，当該事業においては生産実績及び受注実績を示すことはできません。

　　また，当社グループの主な事業である建設事業では，請負形態をとっているので，「販売」という概念には適合しないため，販売実績を示すことはできません。

　　このため，「生産，受注及び販売の状況」については，記載可能な項目を「①経営成績の状況」においてセグメントの業績に関連付けて記載しております。

　　なお，参考のため当社単体の事業の状況は次のとおりであります。

a.　受注（契約）高，売上高，及び次期繰越高

期別	種類別	前期繰越高（百万円）	当期受注（契約）高（百万円）	計（百万円）	当期売上高（百万円）	次期繰越高（百万円）
第120期 自 2021年4月1日 至 2022年3月31日	建設事業					
	建築工事	1,310,317	1,146,342	2,456,660	936,043	1,520,616
	土木工事	532,692	273,719	806,411	227,446	578,965
	計	1,843,009	1,420,062	3,263,072	1,163,489	2,099,582
	開発事業等	93,685	123,399	217,084	123,863	93,221
	合計	1,936,695	1,543,461	3,480,156	1,287,352	2,192,803
第121期 自 2022年4月1日 至 2023年3月31日	建設事業					
	建築工事	1,520,616	1,142,688	2,663,305	1,189,563	1,473,741
	土木工事	578,965	258,591	837,556	238,542	599,014
	計	2,099,582	1,401,279	3,500,861	1,428,105	2,072,755
	開発事業等	93,221	114,608	207,829	129,219	78,610
	合計	2,192,803	1,515,887	3,708,691	1,557,325	2,151,365

（注）1　前期以前に受注したもので，契約の更改により請負金額に変更のあるものについては，当期受注（契約）高にその増減額を含んでおります。したがって当期売上高にもかかる増減額が含まれております。

　　　2　開発事業等は，投資開発事業，エンジニアリング事業及びLCV事業等であります。

b. 受注工事高の受注方法別比率

工事の受注方法は，特命と競争に大別されます。

期別		区分	特命(%)	競争(%)	計(%)
第120期	(自 2021年4月1日 至 2022年3月31日)	建築工事 土木工事	29.0 7.7	71.0 92.3	100 100
第121期	(自 2022年4月1日 至 2023年3月31日)	建築工事 土木工事	40.7 10.4	59.3 89.6	100 100

(注) 百分比は請負金額比であります。

c. 売上高

期別	区分		官公庁(百万円)	民間(百万円)	合計(百万円)
第120期 自　至 2021 2022 年　年 4　3 月　月 1　31 日　日	建設事業				
		建築工事	103,397	832,646	936,043
		土木工事	130,061	97,385	227,446
		計	233,458	930,031	1,163,489
	開発事業等		1,228	122,634	123,863
	合計		234,686	1,052,665	1,287,352
第121期 自　至 2022 2023 年　年 4　3 月　月 1　31 日　日	建設事業				
		建築工事	128,231	1,061,331	1,189,563
		土木工事	152,081	86,460	238,542
		計	280,313	1,147,792	1,428,105
	開発事業等		1,517	127,702	129,219
	合計		281,830	1,275,494	1,557,325

(注)　完成工事のうち主なものは，次のとおりであります。

第120期

新橋田村町地区市街地再開発組合	新橋田村町地区市街地再開発事業新築工事
春日・後楽園駅前地区市街地再開発組合	春日・後楽園駅前地区第一種市街地再開発事業施設 建築物等新築工事（北街区）
プロロジス	プロロジスパーク猪名川1プロジェクト
石巻市	石巻半島部・河北・北上・雄勝・牡鹿地域漁業集落 防災機能強化事業他整備工事
中日本高速道路（株）	新東名高速道路高取山トンネル西工事

第121期

東急（株） （株）東急レクリエーション	東急歌舞伎町タワー
大名プロジェクト特定目的会社	福岡大名ガーデンシティ
シンガポール共和国政府	シンガポール国立がんセンター
東京都	東京都市計画道路幹線街路環状第5の1号線
中日本高速道路（株）	新東名高速道路萱沼トンネル

d. 次期繰越高(2023年3月31日現在)

区分	官公庁(百万円)	民間(百万円)	合計(百万円)
建設事業			
建築工事	190,191	1,283,550	1,473,741
土木工事	375,231	223,782	599,014
計	565,423	1,507,332	2,072,755
開発事業等	1,353	77,256	78,610
合計	566,776	1,584,589	2,151,365

(注) 次期繰越工事のうち主なものは，次のとおりであります。

虎ノ門・麻布台地区市街地再開発組合	虎ノ門・麻布台地区第一種市街地再開発事業に係るA街区・B-2街区施設建築物等新築建築工事
日本橋一丁目中地区市街地再開発組合	日本橋一丁目中地区第一種市街地再開発事業C街区新築工事
野村不動産(株)	(仮称)芝浦一丁目計画第Ⅰ期(S棟)新築工事
フィリピン共和国政府	マニラ地下鉄CP101工区建設工事
東日本高速道路(株)	東京外かく環状道路本線トンネル(南行)大泉南工事

(2) 経営者の視点による経営成績等の状況に関する分析・検討内容 …………

① 経営成績の分析

　2022年度の日本経済は，新型コロナウイルス感染症の流行に対する各種制限が段階的に緩和される中，社会経済活動は正常化に向けた動きが見られましたが，ウクライナ危機の長期化や円安の進行，それらに伴うエネルギー資源，食料の世界的な供給制約と価格上昇が企業活動と国民生活に広く影響を及ぼしました。

　建設業界においては，民間設備投資に持ち直しの動きが見られたものの，建設資材の価格高騰などの影響があり，厳しい経営環境が続きました。

　このような状況のもと，当社グループの売上高は，手持ちの大型工事が順調に進捗したことによる当社の完成工事高の増加などから，前連結会計年度に比べ30.4%増加し1兆9,338億円となりました。

　利益については，開発事業等総利益が減少したものの，海外建築工事の工事採算が持ち直したことなどにより，完成工事総利益が増加したことなどから，営業利益は前連結会計年度に比べ21.0%増加し546億円，経常利益は前連結会計年度に比べ12.2%増加し565億円，親会社株主に帰属する当期純利益は前連結会計年度に比べ2.7%増加し490億円となりました。

セグメントの業績は, 以下のとおりであります。（セグメントの業績については, セグメント間の内部売上高又は振替高を含めて記載しております。また, 報告セグメントの利益は, 連結財務諸表の作成にあたって計上した引当金の繰入額及び取崩額を含んでおりません。なお, セグメント利益は, 連結損益計算書の営業利益と調整を行っております。）

（当社建設事業）

　売上高は, 前連結会計年度に比べ21.3％増加し1兆4,390億円となり, セグメント利益は, 前連結会計年度に比べ14.4％減少し486億円となりました。

　なお, セグメント情報の当社建設事業における完成工事総利益に, 引当金の繰入額及び取崩額を含めるなどの調整を行った当社個別の完成工事総利益は, 前連結会計年度に比べ24.5％増加し746億円となりました。

（当社投資開発事業）

　売上高は, 前連結会計年度に比べ6.8％増加し890億円となりましたが, セグメント利益は, 前連結会計年度に比較的採算の良い大型開発物件の売却があった反動などから, 前連結会計年度に比べ20.3％減少し381億円となりました。

（その他）

　当社が営んでいるエンジニアリング事業, LCV事業及び子会社が営んでいる各種事業の売上高は, 日本道路株式会社が連結子会社となったことなどから, 前連結会計年度に比べ59.3％増加し5,684億円となり, セグメント利益は, 前連結会計年度に比べ29.8％増加し180億円となりました。

②　財政状態の分析

　当連結会計年度末の資産の部は, 現金同等物（現金預金及び有価証券に含まれる譲渡性預金）や受取手形・完成工事未収入金等の増加などにより, 前連結会計年度末に比べ3,196億円増加し2兆4,480億円となりました。

　当連結会計年度末の負債の部は, 支払手形・工事未払金等や連結有利子負債の増加などにより, 前連結会計年度末に比べ2,875億円増加し1兆5,407億円となりました。

　連結有利子負債の残高は5,772億円となり, 前連結会計年度末に比べ821億

円増加しました。

　当連結会計年度末の純資産の部は，親会社株主に帰属する当期純利益の計上に伴う利益剰余金の増加などにより，前連結会計年度末に比べ321億円増加し9,072億円となりました。なお，自己資本比率は，前連結会計年度末に比べ3.9ポイント低下し34.8％となりました。

③　**キャッシュ・フローの状況の分析**

　当連結会計年度の連結キャッシュ・フローの状況については，投資活動により524億円資金が減少しましたが，営業活動により838億円，財務活動により656億円それぞれ資金が増加した結果，現金及び現金同等物の当連結会計年度末の残高は，前連結会計年度末に比べ996億円増加し3,867億円となりました。

（営業活動によるキャッシュ・フロー）

　営業活動によるキャッシュ・フローは，税金等調整前当期純利益753億円を計上したことなどにより838億円の資金増加となりました。

（投資活動によるキャッシュ・フロー）

　投資活動によるキャッシュ・フローは，賃貸事業をはじめとする事業用固定資産の取得などにより524億円の資金減少となりました。

（財務活動によるキャッシュ・フロー）

　財務活動によるキャッシュ・フローは，借入金の増加などにより656億円の資金増加となりました。

④　**資本の財源及び資金の流動性に係る情報**

　当社グループの資金需要の主なものは，建設事業における工事代金の立替金や販売費及び一般管理費などの営業活動に伴う支出，不動産開発事業における賃貸事業用資産の取得などの設備投資に伴う支出であります。また，当社グループは，2019年5月に策定した「中期経営計画〈2019‐2023〉」において，建設事業での安定的な収益基盤を維持しつつ，非建設事業の着実な収益力向上を図ることを目的とし，2019年度から5年間で生産性向上・研究開発，不動産開発事業，新規事業などに7,500億円の投資を計画しております。

　これらの資金需要に対し，自己資金に加え，金融機関からの借入金やノンリコース借入金などの有利子負債を活用することにより，必要資金の調達を行う方針で

あります。

　なお，財務体質の健全性を維持するため，自己資本比率を40％以上，負債資本倍率（Ｄ／Ｅレシオ）を0.7倍以下とすることを財務上のKPIとして設定しております。2022年度の実績については，「⑥経営方針・経営戦略，経営上の目標の達成状況を判断するための客観的な指標等」に記載しております。

⑤　**重要な会計上の見積り及び当該見積りに用いた仮定**

　当社グループの連結財務諸表は，我が国において一般に公正妥当と認められている会計基準に基づき作成されております。この連結財務諸表の作成にあたっては，期末日時点の状況をもとに種々の見積りを行っておりますが，これらの見積りには不確実性が伴うため，実際の結果と異なることがあります。

　当社グループが連結財務諸表の作成にあたって用いた会計上の見積り及び当該見積りに用いた仮定のうち，重要なものは以下のとおりであります。

（工事契約における収益認識）

　当社グループは，工事契約について，期間がごく短い工事を除き，履行義務の充足に係る進捗度を見積り，当該進捗度に基づき，一定の期間にわたり収益を認識しており，履行義務の充足に係る進捗度の見積りは，工事原価総額に対する発生原価の割合に基づき算定しております。

　収益の認識にあたり，工事原価総額の変動は，履行義務の充足に係る進捗度の算定に影響を与えるため，期末日における工事原価総額を合理的に見積る必要がありますが，工事は一般に長期にわたることから，建設資材単価や労務単価等が請負契約締結後に想定を超えて大幅に上昇する場合など，工事原価総額の見積りには不確実性を伴うため，当社グループの業績に影響を及ぼす可能性があります。

（固定資産の減損）

　当社グループは，固定資産の減損に係る回収可能性の評価にあたり，資産のグルーピングを行い，収益性が著しく低下した資産グループについて，固定資産の帳簿価額を回収可能価額まで減損し，当該減少額を減損損失として計上しております。

　固定資産の回収可能価額については，将来キャッシュ・フロー，割引率，正味売却価額等の前提条件に基づき算出しておりますが，市況の変動などにより前提

条件に変更があった場合には，当社グループの業績に影響を及ぼす可能性があります。

⑥ 経営方針・経営戦略，経営上の目標の達成状況を判断するための客観的な指標等

2019年5月に策定した「中期経営計画〈2019 - 2023〉」の4年目である2022年度の実績は以下のとおりであります。

a．経営数値目標（連結ベース）

（単位：億円）

中期経営計画〈2019 - 2023〉						
	2022年度実績	2023年度目標	財務KPI		2022年度実績	2023年度目標
総売上高	19,338	18,800	ROE		5.9%	10%以上
建設事業	16,938	15,500	自己資本比率		34.8%	40%以上
非建設事業	2,399	3,300	負債資本倍率（D/Eレシオ）		0.68倍	0.7倍以下
売上利益	1,610	2,350				
建設事業	1,110	1,850	配当性向		31.7%	30%程度※
非建設事業	499	500	※ 2023年度は、40%程度へ引き上げる方針としております。			
経常利益	565	1,400				

b.投資計画

（単位：億円）

	投資額（計画）（5ヶ年）	投資額（実績）（2019〜2022）
生産性向上・研究開発投資	1,000	723
不動産開発事業	5,000	2,723
インフラ・再生可能エネルギー・新規事業（フロンティア事業他）	1,300	785
人財関連	200	130
投資額合計	7,500	4,361

c.非財務KPI

非財務ＫＰＩ	2022年度実績	2023年度目標
建設事業における生産性（2016年度比）向上率	10.0%	20%以上
建設事業におけるＣＯ₂排出量（2017年度比）削減率	23.1%※1	10%以上
働きがい指標※2	3.67	4.0以上
重大な法令違反件数	0件	0件

※1　第三者保証取得前の2023年4月時点暫定値

※2　当社従業員に対する「働きがい意識調査」による指標（5段階評価の平均）

設備の状況

1 設備投資等の概要

　当社グループの当連結会計年度の設備投資額は730億円であり，うち当社の設備投資額は354億円であります。

　なお，当社グループでは資産を事業セグメントに配分していないため，セグメント別の記載を省略しております。

　当連結会計年度の設備投資の主なものは，当社及び開発事業を営む子会社における賃貸事業用固定資産の取得，当社におけるイノベーションセンターの建設や自航式SEP船※の建造，日本道路（株）における技術研究所及び研修施設等を集約した複合施設の建設，（株）エスシー・マシーナリにおけるレンタル事業用の建設機械の取得であります。

※SEP船：洋上風力発電施設建設のための自己昇降式作業台船（Self-Elevating Platform）

2 主要な設備の状況

　当社グループにおける主要な設備は，次のとおりであります。

（1）提出会社

（2023年3月31日現在）

事業所名 （所在地）	帳簿価額（百万円）					従業員数 （人）
	建物・構築物	機械、運搬具及び 工具器具備品	土地		合計	
			面積（㎡）	金額		
本社 （東京都中央区）	15,352	4,037	（244） 303,788	54,698	74,088	673
技術研究所 （東京都江東区）	3,788	512	（-） 20,976	4,214	8,515	249
建築総本部 （東京都中央区）	836	938	（1,875） 10,257	1,931	3,707	1,228
名古屋支店 （名古屋市中区）	2,290	86	（1,630） 101,811	4,278	6,655	780
関西支店 （大阪市中央区）	550	82	（-） 19,735	1,773	2,406	801
九州支店 （福岡市中央区）	659	48	（-） 38,402	4,383	5,090	503
投資開発本部 （東京都中央区）	130,996	958	（86,178） 245,528	126,728	258,683	98
エンジニアリング事業本部 （東京都中央区）	0	40,622	（-） -	-	40,622	246
ＬＣＶ事業本部 （東京都中央区）	882	8,103	（240,372） 820,599	1,057	10,043	103

（2）　国内子会社

会社名	事業所名 （所在地）	帳簿価額（百万円）						従業員数 （人）
		建物・ 構築物	機械、運搬具 及び工具器具 備品	土地		合計		
				面積（㎡）	金額			
日本道路㈱	本社他 （東京都港区他）	8,025	3,879	(554,258) 660,801	17,870	29,776		2,048
日本ファブテック㈱	取手工場他 （茨城県取手市他）	3,210	1,935	(41,096) 416,376	5,699	10,845		633
㈱ミルックス	本店他 （東京都中央区他）	2,336	307	(－) 217,298	8,645	11,289		441

（3）　在外子会社

記載すべき主要な設備はありません。

（注）1　帳簿価額に建設仮勘定は含めておりません。

2　提出会社は，資産を事業セグメントに配分していないため，主要な事業所ごとに一括して記載しております。

3　土地の面積の（　）内は，賃借中のものを外書きで記載しております。

4　当社グループの設備の内容は，主として研究所，事務所ビル及び工場等であります。

5　土地，建物のうち賃貸中の主なもの

名称	土地（㎡）	建物（㎡）
投資開発本部	173,976	779,669

6　従業員数は，期末の契約社員数を含む合計人数を記載しております。

3 設備の新設，除却等の計画

　当社グループの当連結会計年度後1年間の設備投資計画額は800億円であり，うち当社の設備投資計画額は550億円であります。

　設備投資計画の主なものは，当社及び開発事業を営む子会社における賃貸事業用固定資産の取得，当社における潮見イノベーションセンター（仮称）の建設，日本道路（株）における技術研究所及び研修施設等を集約した複合施設の建設，(株)エスシー・マシーナリにおけるレンタル事業用の建設機械の取得であります。

　なお，当連結会計年度末現在における重要な設備の新設の計画は次のとおりであります。

会社名	内容 (建設予定地)	投資予定金額		資金調達方法	着手年月	完了予定年月
		総額 （百万円）	既支払額 （百万円）			
提出会社	潮見イノベーションセンター（仮称） （東京都江東区）	50,000	40,779	自己資金、銀行借入 及び社債	2019年9月	2023年9月

（1） 株式の総数等】 ・・・・・・・・・・・・・・・・・・・・・・・・・・・・・・・・・・・・・・・

① 株式の総数

種類	発行可能株式総数（株）
普通株式	1,500,000,000
計	1,500,000,000

② 発行済株式

種類	事業年度末現在発行数（株）(2023年3月31日)	提出日現在発行数（株）(2023年6月29日)	上場金融商品取引所名又は登録認可金融商品取引業協会名	内容
普通株式	788,514,613	743,676,313	東京証券取引所 プライム市場 名古屋証券取引所 プレミア市場	権利内容に何ら限定のない株式であり、単元株式数は100株であります。
計	788,514,613	743,676,313	－	－

（注） 2023年4月26日開催の取締役会決議に基づき，2023年5月12日付で自己株式44,838,300株を消却しております。

■ 経理の状況

1 連結財務諸表及び財務諸表の作成方法について ························

(1) 当社の連結財務諸表は，「連結財務諸表の用語，様式及び作成方法に関する規則」（1976年大蔵省令第28号）に準拠して作成し，「建設業法施行規則」（1949年建設省令第14号）に準じて記載しております。

(2) 当社の財務諸表は，「財務諸表等の用語，様式及び作成方法に関する規則」（1963年大蔵省令第59号）第2条の規定に基づき，同規則及び「建設業法施行規則」（1949年建設省令第14号）により作成しております。

2 監査証明について ···

当社は，金融商品取引法第193条の2第1項の規定に基づき，連結会計年度（2022年4月1日から2023年3月31日まで）の連結財務諸表及び事業年度（2022年4月1日から2023年3月31日まで）の財務諸表について，EY新日本有限責任監査法人による監査を受けております。

3 連結財務諸表等の適正性を確保するための特段の取組みについて ···········

当社は，連結財務諸表等の適正性を確保するための特段の取組みを行っております。具体的には，会計基準等の内容を適切に把握し，会計基準等の変更等について的確に対応することができる体制を整備するため，公益財団法人財務会計基準機構に加入し，一般社団法人日本建設業連合会の会計・税制委員会に参画しております。

また，公益財団法人財務会計基準機構や一般財団法人会計教育研修機構，EY新日本有限責任監査法人等の主催するセミナー等に参加しております。

（1） 連結財務諸表 ···

① 連結貸借対照表

（単位：百万円）

	前連結会計年度 (2022年3月31日)	当連結会計年度 (2023年3月31日)
資産の部		
流動資産		
現金預金	※5、※6 250,134	※5 372,780
受取手形・完成工事未収入金等	※1、※5 684,217	※1、※5 837,373
有価証券	37,000	14,000
販売用不動産	7,097	1,997
未成工事支出金	30,742	43,858
開発事業支出金	14,419	25,336
その他の棚卸資産	※2、※5 2,909	※2、※5 3,530
その他	※5、※6 124,711	※5 156,423
貸倒引当金	△1,147	△1,403
流動資産合計	1,150,085	1,453,897
固定資産		
有形固定資産		
建物・構築物	※5、※6 360,731	※5 371,184
機械、運搬具及び工具器具備品	※5、※6 136,172	※5 184,238
土地	※4、※5、※6 298,667	※4、※5 294,949
建設仮勘定	※5 49,941	※5 31,087
減価償却累計額	△230,887	△246,212
有形固定資産合計	614,625	635,247
無形固定資産	※5、※6 21,069	※5 21,465
投資その他の資産		
投資有価証券	※3、※5 326,835	※3、※5 312,968
繰延税金資産	2,722	9,188
その他	※5 14,948	※5 17,118
貸倒引当金	△1,930	△1,875
投資その他の資産合計	342,576	337,399
固定資産合計	978,271	994,112
資産合計	2,128,356	2,448,010

（単位：百万円）

	前連結会計年度 （2022年3月31日）	当連結会計年度 （2023年3月31日）
負債の部		
流動負債		
支払手形・工事未払金等	325,953	424,343
短期借入金	※5 130,609	※5 225,655
1年内返済予定のノンリコース借入金	※5 8,758	※5 8,430
コマーシャル・ペーパー	50,000	–
1年内償還予定のノンリコース社債	※6 13,761	
未成工事受入金	※7 107,630	※7 152,680
預り金	109,336	145,101
完成工事補償引当金	3,353	4,117
工事損失引当金	54,117	65,454
その他	44,673	60,303
流動負債合計	848,195	1,086,086
固定負債		
社債	110,000	130,000
ノンリコース社債	※6 8,208	–
長期借入金	※5 99,945	※5 134,781
ノンリコース借入金	※5 73,857	※5 78,403
繰延税金負債	7,231	1,496
再評価に係る繰延税金負債	17,644	17,497
退職給付に係る負債	55,899	60,177
その他	32,202	32,289
固定負債合計	404,988	454,646
負債合計	1,253,184	1,540,732
純資産の部		
株主資本		
資本金	74,365	74,365
資本剰余金	43,678	43,691
利益剰余金	592,199	625,324
自己株式	△43,282	△41,299
株主資本合計	666,959	702,081
その他の包括利益累計額		
その他有価証券評価差額金	132,308	121,937
繰延ヘッジ損益	214	198
土地再評価差額金	25,831	25,495
為替換算調整勘定	△898	3,401
退職給付に係る調整累計額	80	△555
その他の包括利益累計額合計	157,536	150,477
非支配株主持分	50,675	54,718
純資産合計	875,172	907,277
負債純資産合計	2,128,356	2,448,010

② 連結損益計算書及び連結包括利益計算書

連結損益計算書

（単位：百万円）

	前連結会計年度 （自 2021年4月1日 至 2022年3月31日）	当連結会計年度 （自 2022年4月1日 至 2023年3月31日）
売上高		
完成工事高	1,295,969	1,693,895
開発事業等売上高	186,992	239,919
売上高合計	※1 1,482,961	※1 1,933,814
売上原価		
完成工事原価	1,214,775	1,582,828
開発事業等売上原価	※2 128,510	※2 189,983
売上原価合計	※3 1,343,286	※3 1,772,812
売上総利益		
完成工事総利益	81,193	111,066
開発事業等総利益	58,481	49,935
売上総利益合計	139,675	161,002
販売費及び一般管理費	※4 94,529	※4 106,354
営業利益	45,145	54,647
営業外収益		
受取利息	673	955
受取配当金	5,262	4,990
その他	4,554	2,835
営業外収益合計	10,490	8,781
営業外費用		
支払利息	2,656	3,997
その他	2,559	2,885
営業外費用合計	5,216	6,882
経常利益	50,419	56,546
特別利益		
固定資産売却益	※6 10,053	※6 19,354
負ののれん発生益	6,414	–
特別利益合計	16,468	19,354
特別損失		
固定資産売却損	※7 61	※7 123
投資有価証券評価損	255	433
段階取得に係る差損	1,865	–
特別損失合計	2,182	556
税金等調整前当期純利益	64,705	75,344
法人税、住民税及び事業税	29,952	30,200
法人税等調整額	△12,824	△6,346
法人税等合計	17,128	23,854
当期純利益	47,577	51,489
非支配株主に帰属する当期純利益又は非支配株主に帰属する当期純損失（△）	△183	2,431
親会社株主に帰属する当期純利益	47,761	49,057

連結包括利益計算書

（単位：百万円）

	前連結会計年度 （自　2021年4月1日 至　2022年3月31日）	当連結会計年度 （自　2022年4月1日 至　2023年3月31日）
当期純利益	47,577	51,489
その他の包括利益		
その他有価証券評価差額金	△1,473	△10,321
繰延ヘッジ損益	△22	△15
為替換算調整勘定	2,612	4,753
退職給付に係る調整額	743	△807
持分法適用会社に対する持分相当額	△100	△141
その他の包括利益合計	※1,759	※△6,532
包括利益	49,336	44,956
（内訳）		
親会社株主に係る包括利益	49,504	42,334
非支配株主に係る包括利益	△167	2,621

 財政状態，経営成績及びキャッシュ・フローの状況の分析

「事業等の概要」の内容などをこの項目で詳しく説明している場合があるため，この項目も非常に重要。自社が事業を行っている市場は今後も成長するのか，それは世界のどの地域なのか，今社会の流れはどうなっていて，それに対して売上を伸ばすために何をしているのか，収益を左右する費用はなにか，などとても有益な情報が多い。

③ 連結株主資本等変動計算書

前連結会計年度（自　2021年4月1日　至　2022年3月31日）

（単位：百万円）

	株主資本				
	資本金	資本剰余金	利益剰余金	自己株式	株主資本合計
当期首残高	74,365	43,116	563,628	△21,615	659,494
会計方針の変更による累積的影響額			3,086		3,086
会計方針の変更を反映した当期首残高	74,365	43,116	566,715	△21,615	662,581
当期変動額					
剰余金の配当			△22,277		△22,277
親会社株主に帰属する当期純利益			47,761		47,761
連結範囲の変動		561		△1,562	△1,000
土地再評価差額金の取崩					−
自己株式の取得				△20,104	△20,104
自己株式の処分		0		0	0
非支配株主との取引に係る親会社の持分変動					−
株主資本以外の項目の当期変動額（純額）					
当期変動額合計	−	561	25,483	△21,667	4,378
当期末残高	74,365	43,678	592,199	△43,282	666,959

	その他の包括利益累計額						非支配株主持分	純資産合計
	その他有価証券評価差額金	繰延ヘッジ損益	土地再評価差額金	為替換算調整勘定	退職給付に係る調整累計額	その他の包括利益累計額合計		
当期首残高	133,863	236	25,831	△3,556	△581	155,794	6,157	821,446
会計方針の変更による累積的影響額							97	3,184
会計方針の変更を反映した当期首残高	133,863	236	25,831	△3,556	△581	155,794	6,255	824,630
当期変動額								
剰余金の配当								△22,277
親会社株主に帰属する当期純利益								47,761
連結範囲の変動								△1,000
土地再評価差額金の取崩								−
自己株式の取得								△20,104
自己株式の処分								0
非支配株主との取引に係る親会社の持分変動								
株主資本以外の項目の当期変動額（純額）	△1,555	△22		2,658	662	1,742	44,420	46,162
当期変動額合計	△1,555	△22	−	2,658	662	1,742	44,420	50,541
当期末残高	132,308	214	25,831	△898	80	157,536	50,675	875,172

当連結会計年度（自　2022年4月1日　至　2023年3月31日）

（単位：百万円）

	株主資本				
	資本金	資本剰余金	利益剰余金	自己株式	株主資本合計
当期首残高	74,365	43,678	592,199	△43,282	666,959
会計方針の変更による累積的影響額					－
会計方針の変更を反映した当期首残高	74,365	43,678	592,199	△43,282	666,959
当期変動額					
剰余金の配当			△16,268		△16,268
親会社株主に帰属する当期純利益			49,057		49,057
連結範囲の変動					－
土地再評価差額金の取崩			336		336
自己株式の取得				△1	△1
自己株式の処分		14		1,985	1,999
非支配株主との取引に係る親会社の持分変動		△1			△1
株主資本以外の項目の当期変動額（純額）					
当期変動額合計	－	13	33,125	1,983	35,121
当期末残高	74,365	43,691	625,324	△41,299	702,081

	その他の包括利益累計額						非支配株主持分	純資産合計
	その他有価証券評価差額金	繰延ヘッジ損益	土地再評価差額金	為替換算調整勘定	退職給付に係る調整累計額	その他の包括利益累計額合計		
当期首残高	132,308	214	25,831	△898	80	157,536	50,675	875,172
会計方針の変更による累積的影響額								－
会計方針の変更を反映した当期首残高	132,308	214	25,831	△898	80	157,536	50,675	875,172
当期変動額								
剰余金の配当								△16,268
親会社株主に帰属する当期純利益								49,057
連結範囲の変動								－
土地再評価差額金の取崩								336
自己株式の取得								△1
自己株式の処分								1,999
非支配株主との取引に係る親会社の持分変動								△1
株主資本以外の項目の当期変動額（純額）	△10,371	△15	△336	4,300	△635	△7,059	4,042	△3,016
当期変動額合計	△10,371	△15	△336	4,300	△635	△7,059	4,042	32,105
当期末残高	121,937	198	25,495	3,401	△555	150,477	54,718	907,277

④ 連結キャッシュ・フロー計算書

（単位：百万円）

	前連結会計年度 （自 2021年4月1日 至 2022年3月31日）	当連結会計年度 （自 2022年4月1日 至 2023年3月31日）
営業活動によるキャッシュ・フロー		
税金等調整前当期純利益	64,705	75,344
減価償却費	20,213	25,798
負ののれん発生益	△6,414	－
段階取得に係る差損益（△は益）	1,865	－
貸倒引当金の増減額（△は減少）	△177	196
工事損失引当金の増減額（△は減少）	39,506	11,315
退職給付に係る負債の増減額（△は減少）	3,315	3,100
固定資産売却損益（△は益）	33	△218
投資有価証券評価損益（△は益）	255	433
投資有価証券売却損益（△は益）	△10,025	△19,012
受取利息及び受取配当金	△5,935	△5,946
支払利息	2,656	3,997
売上債権の増減額（△は増加）	△39,265	△152,223
販売用不動産の増減額（△は増加）	8,408	37,603
未成工事支出金の増減額（△は増加）	1,138	△13,095
開発事業支出金の増減額（△は増加）	2,724	△10,916
その他の棚卸資産の増減額（△は増加）	694	△618
仕入債務の増減額（△は減少）	6,398	97,884
未成工事受入金の増減額（△は減少）	9,189	44,584
その他	6,562	8,412
小計	105,848	106,640
利息及び配当金の受取額	6,542	6,156
利息の支払額	△2,787	△3,892
法人税等の支払額	△31,831	△25,062
営業活動によるキャッシュ・フロー	77,772	83,842
投資活動によるキャッシュ・フロー		
有形固定資産の取得による支出	△109,766	△68,575
有形固定資産の売却による収入	40	1,046
有価証券及び投資有価証券の取得による支出	△217	△9,750
有価証券及び投資有価証券の売却による収入	13,235	27,341
その他	7,400	△2,497
投資活動によるキャッシュ・フロー	△89,308	△52,434
財務活動によるキャッシュ・フロー		
短期借入金の純増減額（△は減少）	△21,386	96,011
コマーシャル・ペーパーの増減額（△は減少）	50,000	△50,000
長期借入れによる収入	45,700	57,018
長期借入金の返済による支出	△17,854	△25,037
ノンリコース借入れによる収入	15,819	11,518
ノンリコース借入金の返済による支出	△8,518	△8,786
社債の発行による収入	10,000	20,000
社債の償還による支出	△10,000	－
ノンリコース社債の償還による支出	△1,265	△21,969
自己株式の取得による支出	△20,104	△1
子会社の所有する親会社株式の売却による収入	－	4,004
配当金の支払額	△22,277	△16,237
その他	△478	△883
財務活動によるキャッシュ・フロー	19,634	65,635
現金及び現金同等物に係る換算差額	2,714	2,572
現金及び現金同等物の増減額（△は減少）	10,812	99,615
現金及び現金同等物の期首残高	276,321	287,134
現金及び現金同等物の期末残高	※ 287,134	※ 386,750

【注記事項】
（連結財務諸表作成のための基本となる重要な事項）
1　連結の範囲に関する事項 ···
すべての子会社（125社）を連結しております。

主要な連結子会社名は，「第1　企業の概況　4　関係会社の状況」に記載のとおりであります。

なお，当連結会計年度から子会社となった9社を連結の範囲に含めており，子会社でなくなった1社を連結の範囲に含めておりません。

2　持分法の適用に関する事項 ···
（1）　持分法適用の関連会社数　9社

主要な関連会社名は，「第1　企業の概況　4　関係会社の状況」に記載のとおりであります。

なお，当連結会計年度から関連会社でなくなった3社は持分法を適用しておりません。また，重要性が乏しくなったため，関連会社3社を持分法適用範囲から除外しております。

（2）　持分法を適用しない関連会社（北陸アスコン（株）他）は，当期純損益（持分に見合う額）及び利益剰余金（持分に見合う額）等からみて，持分法の対象から除いても連結財務諸表に及ぼす影響が軽微であり，かつ，全体としても重要性がないため持分法の適用範囲から除外しております。

3　連結子会社の事業年度等に関する事項 ·································
連結子会社のうち26社の決算日は12月31日であります。また，決算日が3月26日の連結子会社が1社あります。連結財務諸表の作成にあたっては，同決算日現在の財務諸表を使用しております。ただし，これらの子会社の決算日から連結決算日3月31日までの期間に発生した重要な取引については，連結上必要な調整を行っております。

上記以外の連結子会社の事業年度は，連結財務諸表提出会社と同一であります。

4　会計方針に関する事項 ···

（1）　重要な資産の評価基準及び評価方法 ·······························

イ　有価証券

満期保有目的の債券

償却原価法

その他有価証券

市場価格のない株式等以外のもの

期末日の市場価格等に基づく時価法

（評価差額は全部純資産直入法により処理し，売却原価は移動平均法により算定しております。）

市場価格のない株式等

移動平均法による原価法

ロ　棚卸資産

販売用不動産

個別法による原価法

（貸借対照表価額は収益性の低下に基づく簿価切下げの方法により算定しております。）

未成工事支出金

個別法による原価法

開発事業支出金

個別法による原価法

（貸借対照表価額は収益性の低下に基づく簿価切下げの方法により算定しております。）

（2）　重要な減価償却資産の減価償却の方法 ·······························

有形固定資産

建物・構築物

主として定額法

その他の有形固定資産

主として定率法（船舶は定額法）

(3) 重要な引当金の計上基準 ………………………………………………
イ 貸倒引当金
　債権の貸倒れによる損失に備えるため，一般債権については過去の実績による必要額，貸倒懸念債権及び破産更生債権等については個別に見積りした必要額を計上しております。
ロ 完成工事補償引当金
　完成工事に係る責任補修費用に備えるため，過去の実績による必要額を計上しております。
ハ 工事損失引当金
　手持工事に係る将来の工事損失に備えるため，損失見込額を計上しております。

(4) 退職給付に係る会計処理の方法 ………………………………………
イ 退職給付見込額の期間帰属方法
　給付算定式基準
ロ 数理計算上の差異の費用処理方法
　数理計算上の差異は，各連結会計年度の発生時における従業員の平均残存勤務期間以内の一定の年数（10年～12年）による定額法により按分した額をそれぞれ発生の翌連結会計年度から費用処理しております。
ハ 過去勤務費用の費用処理方法
　過去勤務費用は，その発生時の従業員の平均残存勤務期間以内の一定の年数（10年～12年）による定額法により費用処理しております。
ニ 連結子会社における簡便法の採用
　一部の連結子会社は，退職給付に係る負債及び退職給付費用の計算にあたり，簡便法を採用しております。

(5) 重要な収益及び費用の計上基準 ………………………………………
完成工事高及び完成工事原価の計上基準

工事契約については，期間がごく短い工事を除き，履行義務の充足に係る進捗度を見積り，当該進捗度に基づき，一定の期間にわたり収益を認識しており，履行義務の充足に係る進捗度の見積りは，工事原価総額に対する発生原価の割合に基づき算定しております。

　なお，契約の初期段階等において，履行義務の充足に係る進捗度を合理的に見積もることができないものの，発生する費用を回収することが見込まれる場合は，原価回収基準により収益を認識しており，期間がごく短い工事は，工事完了時に収益を認識しております。

(6)　重要なヘッジ会計の方法 ･･

イ　ヘッジ会計の方法

　繰延ヘッジ処理によっております。

　ただし，金利スワップ取引のうち，要件を満たすものについては，特例処理によっております。

ロ　ヘッジ手段とヘッジ対象

　ヘッジ手段

　　デリバティブ取引（金利スワップ取引及び為替予約取引）

　ヘッジ対象

　　金利変動リスク及び為替変動リスクを有する資産・負債

ハ　ヘッジ方針

　現在又は将来において，ヘッジ対象となる資産・負債が存在する場合に限りデリバティブ取引を利用する方針であり，短期的な売買差益の獲得や投機を目的とするデリバティブ取引は行いません。

(7)　のれんの償却方法及び償却期間 ･･････････････････････････････････

　のれんは原則として，発生年度以降20年以内で，その効果の及ぶ期間にわたって均等償却しております。

（8）　連結キャッシュ・フロー計算書における資金の範囲 ⋯⋯⋯⋯⋯⋯⋯⋯⋯⋯⋯

　連結キャッシュ・フロー計算書における資金（現金及び現金同等物）は，手許現金，随時引き出し可能な預金並びに容易に換金可能であり，かつ，価値の変動についてリスクのない定期預金及び譲渡性預金等としております。

（9）　その他連結財務諸表作成のための重要な事項 ⋯⋯⋯⋯⋯⋯⋯⋯⋯⋯⋯⋯⋯⋯

　建設業のジョイントベンチャー（共同企業体）に係る会計処理

　主として構成員の出資の割合に応じて資産，負債，収益及び費用を認識する会計処理によっております。

（重要な会計上の見積り）

（工事契約における収益認識及び工事損失引当金）

（1）　当連結会計年度の連結財務諸表に計上した金額 ⋯⋯⋯⋯⋯⋯⋯⋯⋯⋯⋯⋯

　履行義務を充足するにつれて，

　一定の期間にわたり認識した完成工事高　　　1,485,655百万円

　工事損失引当金　　　　　　　　　　　　　　65,454百万円

（2）　識別した項目に係る重要な会計上の見積りに関する情報 ⋯⋯⋯⋯⋯⋯⋯⋯

　工事契約については，期間がごく短い工事を除き，履行義務の充足に係る進捗度を見積り，当該進捗度に基づき，一定の期間にわたり収益を認識しており，履行義務の充足に係る進捗度の見積りは，工事原価総額に対する発生原価の割合に基づき算定しております。

　また，当連結会計年度末時点の手持工事の工事収益総額と工事原価総額の見積りに基づき，工事原価総額が工事収益総額を超過する可能性が高く，かつ，その金額を合理的に見積ることができる場合には，その超過すると見込まれる額のうち，当該工事契約に関して既に計上された損益の額を控除した残額を工事損失引当金に計上しております。

　収益の認識にあたり，工事原価総額の変動は，履行義務の充足に係る進捗度の算定に影響を与えるため，期末日における工事原価総額を合理的に見積る必要がありますが，工事は一般に長期にわたることから，建設資材単価や労務単価等が

請負契約締結後に想定を超えて大幅に上昇する場合など，工事原価総額の見積り
には不確実性を伴うため，翌連結会計年度の業績に影響を及ぼす可能性がありま
す。

（会計方針の変更）
　（時価の算定に関する会計基準の適用指針の適用）
　「時価の算定に関する会計基準の適用指針」（企業会計基準適用指針第31号
2021年6月17日。以下「時価算定会計基準適用指針」という。）を当連結会計
年度の期首から適用し，時価算定会計基準適用指針第27-2項に定める経過的な
取扱いに従って，時価算定会計基準適用指針が定める新たな会計方針を将来にわ
たって適用することとしております。
　なお，当該会計基準等の適用が連結財務諸表に与える影響は軽微であります。
　また，「第5　経理の状況　1　連結財務諸表等　（1）連結財務諸表　（金融商
品関係）　3　金融商品の時価のレベルごとの内訳等に関する事項」における投資
信託に関する注記事項においては，時価算定会計基準適用指針第27-3項に定め
る経過的な取扱いに従って，前連結会計年度に係るものは記載しておりません。

2 財務諸表等

（1）財務諸表】 ··

① 貸借対照表

（単位：百万円）

	前事業年度 （2022年3月31日）	当事業年度 （2023年3月31日）
資産の部		
流動資産		
現金預金	152,427	265,464
受取手形	19,601	35,309
完成工事未収入金	511,617	648,208
有価証券	37,000	14,000
販売用不動産	0	0
未成工事支出金	28,621	41,310
開発事業支出金	7,044	10,097
材料貯蔵品	237	666
前払費用	129	196
その他	※1 125,546	※1 146,636
貸倒引当金	△1,053	△1,114
流動資産合計	881,172	1,160,775
固定資産		
有形固定資産		
建物	276,512	265,404
減価償却累計額	△100,026	△106,133
建物（純額）	※1,※2 176,485	※1 159,270
構築物	10,664	10,398
減価償却累計額	△4,492	△4,788
構築物（純額）	※1,※2 6,171	※1 5,610
機械及び装置	16,884	20,774
減価償却累計額	△9,662	△10,848
機械及び装置（純額）	※1,※2 7,221	※1 9,926
船舶	–	40,709
減価償却累計額	–	△227
船舶（純額）	–	40,481
車両運搬具	882	1,031
減価償却累計額	△486	△519
車両運搬具（純額）	396	511
工具器具・備品	13,371	13,445
減価償却累計額	△7,770	△8,087
工具器具・備品（純額）	※1,※2 5,601	※1 5,357
土地	※1,※2 228,223	※1 219,561
建設仮勘定	45,876	25,499
有形固定資産合計	469,976	466,219
無形固定資産		
借地権	6,376	6,363
ソフトウェア	5,258	5,831
その他	2,834	2,685
無形固定資産合計	14,469	14,880
投資その他の資産		
投資有価証券	302,219	286,635
関係会社株式	※1 65,342	※1 63,945
その他の関係会社有価証券	5,357	6,718
出資金	936	1,015

	前事業年度 （2022年3月31日）	当事業年度 （2023年3月31日）
長期貸付金	※1 5	※1 1
関係会社長期貸付金	※1 2,099	※1 1,777
破産更生債権等	-	17
長期前払費用	506	354
繰延税金資産	-	6,308
その他	9,371	9,933
貸倒引当金	△1,929	△1,851
投資その他の資産合計	383,909	374,857
固定資産合計	868,355	855,957
資産合計	1,749,528	2,016,732
負債の部		
流動負債		
支払手形	56,113	74,898
工事未払金	198,387	267,449
短期借入金	106,703	199,581
1年内返済予定のノンリコース借入金	※1 1,300	※1 1,300
コマーシャル・ペーパー	50,000	-
リース債務	1,253	1,342
未払金	4,763	10,154
未払費用	15,736	16,401
未払法人税等	5,555	11,170
未成工事受入金	96,319	139,459
預り金	※2 142,840	151,860
完成工事補償引当金	3,141	3,855
工事損失引当金	53,663	64,707
資産除去債務	80	80
その他	374	374
流動負債合計	736,232	942,635
固定負債		
社債	110,000	130,000
長期借入金	79,645	107,437
ノンリコース借入金	※1 26,750	※1 25,450
リース債務	2,165	2,114
繰延税金負債	3,743	
再評価に係る繰延税金負債	17,644	17,497
退職給付引当金	48,632	51,692
資産除去債務	435	436
その他	25,067	25,107
固定負債合計	314,084	359,735
負債合計	1,050,317	1,302,371

	前事業年度 （2022年3月31日）	当事業年度 （2023年3月31日）
純資産の部		
株主資本		
資本金	74,365	74,365
資本剰余金		
資本準備金	43,143	43,143
その他資本剰余金	1	1
資本剰余金合計	43,145	43,144
利益剰余金		
利益準備金	18,394	18,394
その他利益剰余金		
固定資産圧縮積立金	4,819	4,716
別途積立金	405,100	405,100
繰越利益剰余金	37,409	63,303
利益剰余金合計	465,724	491,515
自己株式	△41,298	△41,299
株主資本合計	541,936	567,725
評価・換算差額等		
その他有価証券評価差額金	131,228	120,942
繰延ヘッジ損益	214	198
土地再評価差額金	25,831	25,495
評価・換算差額等合計	157,274	146,636
純資産合計	699,210	714,361
負債純資産合計	1,749,528	2,016,732

②　損益計算書

（単位：百万円）

	前事業年度 （自　2021年4月1日 至　2022年3月31日）	当事業年度 （自　2022年4月1日 至　2023年3月31日）
売上高		
完成工事高	1,163,489	1,428,105
開発事業等売上高	123,863	129,219
売上高合計	1,287,352	1,557,325
売上原価		
完成工事原価	1,103,504	1,353,426
開発事業等売上原価	73,861	93,886
売上原価合計	1,177,365	1,447,312
売上総利益		
完成工事総利益	59,985	74,679
開発事業等総利益	50,001	35,333
売上総利益合計	109,987	110,013
販売費及び一般管理費		
役員報酬	906	952
執行役員報酬	1,814	1,956
従業員給料手当	21,363	21,720
退職給付費用	1,489	1,406
法定福利費	3,654	3,778
福利厚生費	3,726	3,678
修繕維持費	177	397
事務用品費	448	380
通信交通費	3,066	3,845
動力用水光熱費	390	438
研究開発費	10,821	11,942
広告宣伝費	1,667	2,202
交際費	782	1,205
寄付金	638	164
地代家賃	1,835	1,863
減価償却費	2,499	2,552
租税公課	4,080	3,941
保険料	331	413
雑費	15,431	13,973
販売費及び一般管理費合計	75,128	76,814
営業利益	34,859	33,198

	前事業年度 （自　2021年4月1日 至　2022年3月31日）	当事業年度 （自　2022年4月1日 至　2023年3月31日）
営業外収益		
受取利息	280	412
有価証券利息	1	1
受取配当金	※1 8,705	※1 9,475
その他	3,597	1,778
営業外収益合計	12,585	11,667
営業外費用		
支払利息	1,206	1,799
社債利息	333	324
その他	1,977	1,351
営業外費用合計	3,517	3,476
経常利益	43,926	41,389
特別利益		
固定資産売却益	※2 10,023	※2 19,202
抱合せ株式消滅差益	6,662	－
特別利益合計	16,686	19,202
特別損失		
固定資産売却損	※3 22	※3 118
投資有価証券評価損	255	325
関係会社株式評価損	－	1,093
特別損失合計	277	1,538
税引前当期純利益	60,335	59,053
法人税、住民税及び事業税	25,084	22,575
法人税等調整額	△10,484	△5,275
法人税等合計	14,599	17,299
当期純利益	45,735	41,754

完成工事原価報告書

区分	注記番号	前事業年度 (自　2021年4月1日 至　2022年3月31日)		当事業年度 (自　2022年4月1日 至　2023年3月31日)	
		金額(百万円)	構成比 (%)	金額(百万円)	構成比 (%)
材料費		105,314	9.5	141,298	10.4
労務費 (うち労務外注費)		51,207 (51,207)	4.6 (4.6)	62,617 (62,617)	4.6 (4.6)
外注費		723,554	65.6	899,371	66.5
経費 (うち人件費)		223,428 (46,439)	20.3 (4.2)	250,138 (51,178)	18.5 (3.8)
合計		1,103,504	100	1,353,426	100

(注)　原価計算の方法は，個別原価計算であります。

開発事業等売上原価報告書

区分	注記番号	前事業年度 (自　2021年4月1日 至　2022年3月31日)		当事業年度 (自　2022年4月1日 至　2023年3月31日)	
		金額(百万円)	構成比 (%)	金額(百万円)	構成比 (%)
土地代		5,348	7.2	14,616	15.6
建築費		2,433	3.3	12,583	13.4
その他		66,078	89.5	66,686	71.0
合計		73,861	100	93,886	100

(注)　原価計算の方法は，個別原価計算であります。

③ 株主資本等変動計算書

前事業年度（自　2021年4月1日　至　2022年3月31日）

（単位：百万円）

	株主資本								
	資本金	資本剰余金			利益剰余金				
		資本準備金	その他資本剰余金	資本剰余金合計	利益準備金	その他利益剰余金			利益剰余金合計
						固定資産圧縮積立金	別途積立金	繰越利益剰余金	
当期首残高	74,365	43,143	1	43,144	18,394	4,922	355,600	63,348	442,265
当期変動額									
固定資産圧縮積立金の積立・取崩						△102		102	-
別途積立金の積立							49,500	△49,500	-
剰余金の配当								△22,277	△22,277
当期純利益								45,735	45,735
土地再評価差額金の取崩									-
自己株式の取得									
自己株式の処分			0	0					
株主資本以外の項目の当期変動額（純額）									
当期変動額合計	-	-	0	0	-	△102	49,500	△25,938	23,458
当期末残高	74,365	43,143	1	43,145	18,394	4,819	405,100	37,409	465,724

	株主資本		評価・換算差額等				純資産合計
	自己株式	株主資本合計	その他有価証券評価差額金	繰延ヘッジ損益	土地再評価差額金	評価・換算差額等合計	
当期首残高	△21,193	538,582	132,391	236	25,831	158,459	697,042
当期変動額							
固定資産圧縮積立金の積立・取崩		-					-
別途積立金の積立		-					-
剰余金の配当		△22,277					△22,277
当期純利益		45,735					45,735
土地再評価差額金の取崩		-					-
自己株式の取得	△20,104	△20,104					△20,104
自己株式の処分	0	0					0
株主資本以外の項目の当期変動額（純額）			△1,162	△22		△1,184	△1,184
当期変動額合計	△20,104	3,353	△1,162	△22	-	△1,184	2,168
当期末残高	△41,298	541,936	131,228	214	25,831	157,274	699,210

当事業年度（自　2022年4月1日　至　2023年3月31日）

（単位：百万円）

	株主資本								
		資本剰余金			利益剰余金				
						その他利益剰余金			
	資本金	資本準備金	その他資本剰余金	資本剰余金合計	利益準備金	固定資産圧縮積立金	別途積立金	繰越利益剰余金	利益剰余金合計
当期首残高	74,365	43,143	1	43,145	18,394	4,819	405,100	37,409	465,724
当期変動額									
固定資産圧縮積立金の積立・取崩						△102		102	－
別途積立金の積立									
剰余金の配当								△16,299	△16,299
当期純利益								41,754	41,754
土地再評価差額金の取崩								336	336
自己株式の取得									
自己株式の処分			△0	△0					
株主資本以外の項目の当期変動額（純額）									
当期変動額合計	－	－	△0	△0		△102	－	25,893	25,790
当期末残高	74,365	43,143	1	43,144	18,394	4,716	405,100	63,303	491,515

| | 株主資本 | | 評価・換算差額等 | | | | 純資産合計 |
	自己株式	株主資本合計	その他有価証券評価差額金	繰延ヘッジ損益	土地再評価差額金	評価・換算差額等合計	
当期首残高	△41,298	541,936	131,228	214	25,831	157,274	699,210
当期変動額							
固定資産圧縮積立金の積立・取崩		－					－
別途積立金の積立		－					－
剰余金の配当		△16,299					△16,299
当期純利益		41,754					41,754
土地再評価差額金の取崩		336					336
自己株式の取得	△1	△1					△1
自己株式の処分	0	0					0
株主資本以外の項目の当期変動額（純額）			△10,286	△15	△336	△10,638	△10,638
当期変動額合計	△1	25,789	△10,286	△15	△336	△10,638	15,150
当期末残高	△41,299	567,725	120,942	198	25,495	146,636	714,361

注記事項

（重要な会計方針）

1　有価証券の評価基準及び評価方法 ………………………………………………

（1）　満期保有目的の債券 ………………………………………………………

　償却原価法

（2）　子会社株式，関連会社株式及びその他の関係会社有価証券 ……………

　移動平均法による原価法

（3）　その他有価証券 ……………………………………………………………

　市場価格のあるもの

　　期末日の市場価格等に基づく時価法

　　（評価差額は全部純資産直入法により処理し，売却原価は移動平均法により

　　算定しております。）

　市場価格のないもの

　　移動平均法による原価法

2　棚卸資産の評価基準及び評価方法 ………………………………………………

（1）　販売用不動産 ………………………………………………………………

　個別法による原価法

　　（貸借対照表価額は収益性の低下に基づく簿価切下げの方法により算定して

　　おります。）

（2）　未成工事支出金 ……………………………………………………………

　個別法による原価法

（3）　開発事業支出金 ……………………………………………………………

　個別法による原価法

　　（貸借対照表価額は収益性の低下に基づく簿価切下げの方法により算定してお

　　ります。）

（4）　材料貯蔵品 …………………………………………………………………

　移動平均法による原価法

　　（貸借対照表価額は収益性の低下に基づく簿価切下げの方法により算定してお

りより。)

3　固定資産の減価償却の方法 ································
（1）　有形固定資産 ··
建物，構築物，船舶
定額法
その他の有形固定資産
リース資産を除き定率法
（2）　無形固定資産 ··
定額法
（3）　長期前払費用 ··
定額法

4　引当金の計上基準 ··
（1）　貸倒引当金 ··
債権の貸倒れによる損失に備えるため，一般債権については過去の実績による必要額，貸倒懸念債権及び破産更生債権等については個別に見積りした必要額を計上しております。
（2）　完成工事補償引当金 ···
完成工事に係る責任補修費用に備えるため，過去の実績による必要額を計上しております。
（3）　工事損失引当金 ···
手持工事に係る将来の工事損失に備えるため，損失見込額を計上しております。
（4）　退職給付引当金 ···
従業員の退職給付に備えるため，当事業年度末における退職給付債務及び年金資産の見込額に基づき計上しております。
退職給付見込額の期間帰属方法は，給付算定式基準によっております。
過去勤務費用は，定額法（10年）により処理しております。
数理計算上の差異は，定額法（10年）により翌事業年度から処理しております。

5　完成工事高及び完成工事原価の計上基準 ··

　工事契約については，期間がごく短い工事を除き，履行義務の充足に係る進捗度を見積り，当該進捗度に基づき，一定の期間にわたり収益を認識しており，履行義務の充足に係る進捗度の見積りは，工事原価総額に対する発生原価の割合に基づき算定しております。

　なお，契約の初期段階等において，履行義務の充足に係る進捗度を合理的に見積もることができないものの，発生する費用を回収することが見込まれる場合は，原価回収基準により収益を認識しており，期間がごく短い工事は，工事完了時に収益を認識しております。

6　ヘッジ会計の方法 ···

(1)　ヘッジ会計の方法 ··

　繰延ヘッジ処理によっております。

(2)　ヘッジ手段とヘッジ対象 ···

　　ヘッジ手段

　　　デリバティブ取引（為替予約取引）

　　ヘッジ対象

　　　為替変動リスクを有する資産・負債

(3)　ヘッジ方針 ··

　現在又は将来において，ヘッジ対象となる資産・負債が存在する場合に限りデリバティブ取引を利用する方針であり，短期的な売買差益の獲得や投機を目的とするデリバティブ取引は行いません。

7　その他財務諸表作成のための基本となる重要な事項 ···························

(1)　退職給付に係る会計処理 ···

　退職給付に係る未認識数理計算上の差異及び未認識過去勤務費用の会計処理の方法は，連結財務諸表におけるこれらの会計処理の方法と異なっております。

(2)　建設業のジョイントベンチャー（共同企業体）に係る会計処理 ···········

　主として構成員の出資の割合に応じて資産，負債，収益及び費用を認識する会

計処理によっております。

（重要な会計上の見積り）
（工事契約における収益認識及び工事損失引当金）

（1）　当事業年度の財務諸表に計上した金額　·······································

　履行義務を充足するにつれて，一定の期間にわたり認識した完成工事高

1,300,932百万円

　工事損失引当金　　　　　　　64,707百万円

（2）　識別した項目に係る重要な会計上の見積りに関する情報　·············

　（1）の金額の算出方法等は，「第5　経理の状況　1　連結財務諸表等　（1）連結財務諸表　（重要な会計上の見積り）（工事契約における収益認識及び工事損失引当金）（2）識別した項目に係る重要な会計上の見積りの内容に関する情報」の内容と同一であります。

（会計方針の変更）
（時価の算定に関する会計基準等の適用）

　「時価の算定に関する会計基準の適用指針」（企業会計基準適用指針第31号2021年6月17日。以下「時価算定会計基準適用指針」という。）を当事業年度の期首から適用し，時価算定会計基準適用指針第27-2項に定める経過的な取扱いに従って，時価算定会計基準適用指針が定める新たな会計方針を将来にわたって適用することとしております。

　なお，当該会計基準適用指針の適用が財務諸表に与える影響は軽微であります。

第 **2** 章

資源・素材業界の"今"を知ろう

企業の募集情報は手に入れた。しかし，それだけでは
まだ不十分。企業単位ではなく，業界全体を俯瞰する
視点は，面接などでもよく問われる重要ポイントだ。
この章では直近1年間の運輸業界を象徴する重大
ニュースをまとめるとともに，今後の展望について言
及している。また，章末には運輸業界における有名企
業（一部抜粋）のリストも記載してあるので，今後の就
職活動の参考にしてほしい。

▶▶社会を支える基盤づくり

資源・素材 業界の動向

「資源・素材」とは，エネルギーや製品の素材や原料など，経済活動を支えるものである。資源・素材には，電力，ガス，石油，化学，鉄鋼，非鉄金属，繊維，紙・パルプなどの業種がある。

❖ 電力・ガスの動向

　電力，ガスは，産業の発展，人々の生活を支えるインフラで，代表的な公益産業である。日本の電力業界の市場規模は20兆円，ガスは9兆円（都市ガス5兆円+LPガス4兆円）といわれている。

　電力業界では，長い間，東京電力，関西電力といった地域電力会社（一般電気事業者）10社が各地域ごとに発電，送配電，小売を1社でまとめて行う地域独占状態となっていた。これに市場競争を導入しようとする規制緩和の試みは，高コスト構造や内外価格差の是正を目的に，1990年代から繰り返し議論され，法改正なども行われてきた。しかし，最も大きな転機となったのは，2011年3月11日の東日本大震災である。原子力発電所の事故による計画停電の実施，電気料金の値上げなどにより，エネルギー政策への関心が一気に高まり，「電力システム改革」という大規模な規制撤廃へつながった。

　この改革の第一弾は，2015年4月，地域を越えて電気を融通しやすくし，災害時などに停電が起こらないようにする「広域系統運用の拡大」から始まった。第二弾は2016年4月，利用者が電力会社や料金メニューを自由に選択できる「電力小売の全面自由化」である。これによって，小売電気事業者の登録数は500社を超え，2018年2月の時点で，顧客の約9.5％が契約先を変更している。今後は，電力会社の送配電部門を別会社に分離することで，送配電ネットワークを公平に利用できるようにする計画が進められている。

　ガス業界でも，200社近くの企業がそれぞれの地域で販売を独占してきた都市ガス（一般ガス）について，2017年4月，ガス事業法が改正された。そ

れまでは，事業許可・料金規制の対象となってきた都市ガスの小口向け小売供給が全面自由化され，ライセンス制度の導入・ガス製造事業の導入なども合わせて行われることとなった。なお，2022年には導管事業が別会社に分離され，新規参入を含むすべての企業が公平に利用できるプラットフォームとなった。ただ，ガスでは保安検査というハードルがあるため，2023年時点の登録小売業者は76社で，異業種からの参入は限定的となっている。

2023年は電力，ガスともにコロナ禍による落ち込みからは回復したが，天然ガスや石炭価格が世界的に高騰し，電気・ガス料金が大幅に値上がりした。新電力会社にとっては死活問題となっており，業務縮小，もしくは撤退する企業がでてくると思われる。さらにはウクライナ危機も加わり，各社にさらなるダメージが加わる可能性が高い。

● 市場開放により交錯する企業間連携，JERAの設立

小売自由化を受け，エリアを越えた事業展開，電力・ガスの相互参入など，新しい動きが表れている。2015年5月，九州電力は，東京ガス，出光興産と連携し，関東エリアに200万kW級の石炭火力を新設するため，千葉袖ヶ浦エナジーを設立した。これは，出光興産の燃料調達力，九州電力の発電所運転ノウハウ，東京ガスの関東圏での顧客基盤などのシナジーを狙ったものとされる。また，2016年4月には，関西電力と東京ガスが，LNGの調達や火力発電所の運営について提携を発表。その他にも，東京電力エナジーパートナーが日本瓦斯会社と，関西電力が岩谷産業と，東京ガスが神戸製鋼所と，東京ガスや大阪ガスがNTTファシリティーズと連携するなど，新たな事業分野への参入に当たって，他社とのアライアンスが進んでいる。

こういった動きのなかでとくに注目すべきはJERAの設立である。大規模な「電力システム改革」に柔軟に対応すべく，2015年4月，東京電力と中部電力が共同で株式会社JERAを設立した。JERAは，化石燃料（液化天然ガス・石炭）の調達から国内外の火力発電所の運営まで，一貫して担うことを目指している。両社の事業がJERAに統合されたことにより，JERAで調達するLNG（液化天然ガス）量は，年間約4,000万tと，世界最大規模となった。2019年4月には，両社の既存火力発電事業の統合。その出力は約7000万kWで，国内火力の半分を占める。JERAは，2019年から5年以内に，相乗効果を年1000億円以上にすることを目標に掲げており，世界で戦うグローバルなエネルギー企業を目指すJERAの成長戦略は，電力業界全体の

将来を左右する可能性もあり，目が離せない。

❖ 石油の動向

　資源の乏しい日本では，石油の自給率は1％に満たず，年間1億6000万キロリットルの原油を海外から輸入しており，原油価格の変動は，業績に大きな影響を与える。2022年はウクライナ危機により原油価格は高騰。利幅の増大により各社の利益が膨れ，最高益が相次いだ。

　2010年頃から始まった産油国による過剰供給により，石油価格は低迷していた。しかし2016年末に，OPECとロシアなどの主要産油国が減産に合意した結果，原油価格の下落に歯止めがかかった。2016年1月には，1バレル20ドル台まで暴落した原油価格は，2017年に入って50ドル台まで持ち直し，石油元売り各社は，黒字に回復した。その後，米国におけるシェールオイル生産が堅調に推移したことから，40ドル／バレル台に下落することもあったが，協調減産の効果から需給バランスが好転，需要超過が続き，2018年5月には70ドル／バレル台まで高騰した。2018年6月，過度の原油高による需要の冷え込みを懸念する声を受け，OPEC総会で実質増産が決まった。しかし，米国のイラン制裁の一環としてイラン産原油の輸入が一時停止になるなど，原油の需給バランスは不安定な状態が続いている。

●脱炭素の流れは本流となるか

　コロナ禍以前から世界は脱炭素の流れに進みつつある。欧米ではとくにその流れが強く，2019年に英国のシェルは電力への移行を明言していた。しかし，ウクライナ危機で世界情勢は一変。シェルは発言を事実上撤回することになった。

　世界的に見ると先進国では石油需要は減っているが，アフリカ，インドなどでは増加の傾向にある。世界ベースでの2021年の石油需要は，2019年6.6％増の1億300万バレルとなっている。各企業にはこれまで通りの石油事業と脱炭素の取組とをバランスよく進めることが求められている。

　石油関連企業は，石油単体の事業では立ち行かなくなる将来を見越して，合併などの企業編成によって建て直しを図っている。2017年4月，JXホールディングスと東燃ゼネラル石油が，JXTGホールディングスとして経営統合し，20年6月にはENEOSホールディングスに社名変更した。売上げは約

7.5兆円，国内ガソリン販売シェアは約50％と，圧倒的な規模を持つ企業が誕生したことになる。今後，精製設備やガソリンスタンドの統廃合といったコスト削減と共に，非鉄金属の開発や電力事業も手掛け，3年以内に1000億円の収益改善を目指している。また，出光興産と昭和シェル石油も経営統合を模索。出光創業家の反対により難航していたが，2018年7月に出光興産を昭和シェルの完全子会社にすることで合意。2019年4月に経営統合した。

❖ 鉄鋼の動向

2022年の日本の年間粗鋼生産量は8,920万tと，前年を下回る結果となった。ウクライナ戦争によって減量価格が急騰。加えて中国の景気が悪化したことも影を落とす要因となった。世界規模で見ても，世界の鉄鋼生産量は2015年以来となる前年割れ。主要企業の大半が減益となった。

そんな中，日本の日本製鉄は健闘を見せている。2023年3月期の連結純利益が過去最高を更新。値上げの浸透に加えて，製造設備の休止で固定費を削減できたことが功を奏した。

●鉄鋼業界にも再編の波

鉄鋼各社は，老朽化した設備更新でコスト削減を推進しつつ，事業の多角化を進めることで生き残りを目指している。また，再編の動きも活発化している。事業の構造改革を図る新日鐵住金は，日新製鋼を2019年1月に完全子会社化し，同年4月には新日鐵住金本体と日新製鋼のステンレス鋼板事業を，新日鐵住金ステンレスへ移管，統合し，日本製鉄が誕生した。電炉鋼大手の合同製鉄も朝日工業を子会社化する方針を打ち出している。

そのような状況下，2017年10月，業界3位の神戸製鋼所において，アルミ製部材の性能データ改ざんが発覚して，業界に衝撃が走った。その後，グループ9社で不正が発覚し，納入先はボーイングやエアバス，日産，トヨタなど500社に拡大し，日本工業規格（JIS）の認定取り消しにまで発展した。この問題を受けて，海外の大手製造業も相次いで調査を開始しており，日本ブランドの品質への信頼が揺らぐ事態となっている。今後，同社の動向によっては新たな業界再編の端緒となる可能性もある。

❖ 非鉄金属の動向

　非鉄金属とは，文字通り「鉄以外」の金属のことで，銅や錫，亜鉛などの「ベースメタル」，アルミニウムやマグネシウム，ナトリウムなどの「軽金属」，ニッケルやクロム，マンガンなど存在量が少なく技術的に抽出困難な「レアメタル」に分類される。非鉄金属は，自動車，電気・電子機器，住宅など生活に密着した需要が多い。

　近年，中国や新興国の経済成長を受けて，消費量は増加傾向にあり，業績も伸びていた。しかし，2015年，中国経済減速への懸念から資源価格が下落した。その後，価格は回復基調となったが，世界の非鉄消費の半分を占め，価格を左右する中国の需要には引き続き不透明感が残っている。

　日本の非鉄金属各社は，海外から銅や亜鉛などの鉱石を輸入し，製錬所で地金を生成する。原料となる鉱石の大半を輸入に頼っているため，為替やマージンが収益に大きく影響するという弱点があった。そこで製錬各社は，鉱石の安定調達のため，海外鉱山開発を進めてきた。2014年，JX日鉱日石金属と三井金属ほか日本企業が100％出資した，チリのカセロネス銅鉱山が本格稼働。2016年，住友金属鉱山は1140億円を投じて米モレンシー銅鉱山の権益を追加取得し，持ち分比率を25％とした。一方，鉱山の奥地化で開発費が増大しているため，各社は携帯電話などの電子スクラップからレアメタルを回収する，リサイクル事業にも力を入れている。

　新型コロナウイルスの感染拡大は中南米やアフリカなどにも及び，銅山開発の中断が相次いだ。今後も米中貿易摩擦などの動向が銅価格らの市況に影響する可能性がある。

❖ 化学の動向

　化学製品は，樹脂やゴム，合成繊維の総称で，石油や天然ガス由来の物質を原料として製造される。日常使っているプラスチックや洗剤，衣料などのほか，広く工業製品にも利用されている。

　化学業界には，石油由来のナフサをもとに基礎原料となるエチレンやプロピレンを生産する総合化学メーカーのほか，特定の機能材料を製造する中堅企業が多く存在する。新興国の経済成長により，石油化学製品の需要

が高まっていることから，好業績が続いている。しかし，為替変動や原油価格の高騰によるマージン縮小，2018年からは，米国でシェールガス由来のエチレン生産が本格稼動し，中国や中東でも生産能力が拡大しているため，日本勢は価格競争で不利になることも懸念される。そのため，大手各社は技術力で勝負できる機能素材・材料に着目。成長が見込まれる自動車の軽量素材や，ハイブリッド車・電気自動車に搭載されるリチウム電池，スマートフォン向けの有機ELなどを重点分野に位置づけ，積極的な設備投資を進めている。

　2017年にダウ・ケミカルとデュポンが統合し，ダウ・デュポンが誕生した。こういった海外の動きに連動し，国内でも，高機能材での高い収益性を目指して，組織再編が進んでいる。2017年4月，三菱ケミカルホールディングスは，傘下の化学系3社を合併し，新たなスタートを切った。新会社の売上高は3兆7244億円，従業員数は6万9000人超で，圧倒的な最大手となる。石油化学基礎品から半導体やリチウム電池まで手掛ける「三菱化学」と，高機能フィルムが主力の「三菱樹脂」，炭素繊維が強みの「三菱レイヨン」が統合することで，3社が培ってきた技術を融合し，スピード感とクオリティが求められる市場に対応していくことになる。

　2022年度は化学業界にとっては逆風の1年となってしまった。原油価格高騰に伴うコスト高により世界的に景気が冷え込み，家電や建築などの需要が大きく縮んだ。結果，石油基礎製品の需要も大きく落ち込んだ。

❖ 繊維の動向

　新興国の経済成長，人口増による消費拡大などを背景に，世界の繊維需要，生産量は伸びている。明治以降，日本の経済発展を支えてきた繊維産業だが，現在は中国が圧倒的なシェアを占める。化学繊維生産の7割が中国で，日本はわずか1％程度である。しかし，衣料用繊維では主役の座を下りても，独自の技術を活かした商材で，日本企業はグローバルに強みを示している。衣料分野では，吸水速乾性繊維やストレッチ繊維，産業用として不燃布や人工皮革，高強度ナイロン繊維などがある。ユニクロと「ヒートテック」を共同開発した東レは，メキシコでエアバッグ工場を設立し，2018年1月に稼動を開始した。帝人グループも，同時期に中国でエアバッグの生産能力を増強する。東洋紡も，2017年1月，タイにエアバッグ用基布の新会社を

設立し，総額100億円の投資を行うと発表している。また，紙おむつなど衛生材料に用いられる不織布の需要も急増しており，東レが滋賀県に新たな開発設備を導入するなど，各社の投資が続いている。

　数ある高機能繊維のなかで，日本が他国に先導しているのが，炭素繊維である。アクリル繊維を炭化した炭素繊維は，重さが鉄の4分の1で強度は10倍と，鉄よりも軽くて強く，耐腐食性にも優れているため，多くの分野で需要が拡大している。炭素繊維は，先頭に立って市場を開拓してきた東レが世界シェアの約4割を占め，帝人，三菱ケミカルの3社で，世界生産の7割を握っている。3社は，航空機や自動車向け炭素繊維を成長分野と位置づけ，今後も力を注いでいく方針としている。この流れから，三菱ケミカルは欧米市場での炭素繊維事業の拡大を目的とし，2017年にイタリアの炭素繊維強化プラスチックの自動車部品メーカーであるC.P.Cの株式の44％を取得。自動車の軽量化に向け炭素繊維部品を積極的に売り込んでいく。また，東レも炭素繊維複合材料事業を強化するため，2018年3月，樹脂に精通した複合材料メーカーであるオランダのテンカーテ・アドバンスト・コンポジット社（TCAC）を買収すると発表，同年7月に全株式の取得を完了した。

資源・素材業界

直近の業界各社の関連ニュースを
ななめ読みしておこう。

日トルコ、再エネで協議会創設へ　ウクライナ支援も協力

西村康稔経済産業相は5日、トルコのバイラクタル・エネルギー天然資源相と会談した。太陽光といった再生可能エネルギーの開発案件などで協力する官民協議会「日トルコエネルギーフォーラム」の創設で合意した。ボラット商務相とはウクライナの復興支援で連携を強化する方針を確認した。

ボラット氏との会談では東京電力福島第1原子力発電所の処理水の海洋放出について説明した。西村氏によると、ボラット氏からは日本の取り組みは科学的根拠に基づくもので支持するとの発言があった。

新しく立ち上げる官民協議会では再生エネや水素、天然ガスなどにかかわる民間案件の創出を目指す。両国から商社やエネルギー会社の参加を見込む。来年にも初回会合を開く方針だ。

西村氏は協議会の創設について「大きな協力の一歩を踏み出すことができた」と語った。重要鉱物でもアフリカといった第三国での協力を模索することで一致したと明かした。

ボラット氏との共同声明にはロシアが侵攻を続けるウクライナの復興支援を両国が協力して進めることを盛り込んだ。インフラや建設資材にかかわる両国企業を念頭に、第三国での民間協力を後押しする。

交渉中の経済連携協定（EPA）は早期の交渉再開と妥結を目指す。日本とトルコは14年に交渉を始めたが、一部の品目を巡って議論が停滞した。交渉会合は19年以降開催されていない。

ボラット氏は「日本とトルコの関係は近年、同盟と言えるほどのレベルまで発展した」と述べた。EPAについては「二国間貿易の均衡が取れた発展に資するような形で交渉が妥結することを望んでいる」とした。トルコは慢性的な貿易赤字を問題視している。

日本とトルコは24年に外交関係の樹立から100年を迎える。経産相や外相も

交えた日トルコの閣僚会議を来年の早期に東京で開くことも確認した。

（2023年9月5日　日本経済新聞）

日本とサウジアラビア、レアアース開発で共同投資合意へ

日本とサウジアラビア両政府は脱炭素に欠かせないレアアース（希土類）鉱山開発の共同投資で合意する見通しとなった。岸田文雄首相とサウジの首相を務めるムハンマド皇太子が16日の会談で確認する。

日本は重要鉱物を巡って中国など一部の国への依存度を下げ、経済安全保障の強化につなげる。経済産業省とエネルギー・金属鉱物資源機構（JOGMEC）、サウジの産業鉱物資源省の3者が近く重要鉱物に関する協力覚書（MOC）を結ぶ。協力の柱として第三国での鉱物資源の開発で両国による共同投資を検討する。脱炭素で需要が高まる電気自動車（EV）向けのレアアースなどを念頭に、重要鉱物の権益確保を急ぐ。

サウジは国家戦略の一つで国内でのレアアース鉱山の探索を掲げており、日本がこれに協力する。鉱山探査の知見があるJOGMECがサウジの初期調査を技術的に支援する。銅や鉄、亜鉛といったすでに国内で採れる資源の開発強化も後押しする。

現在、レアアースやEV用電池に使うリチウムやコバルトなどの供給元は中国などに集中する。脱炭素の流れは世界的に強まっている。日本とサウジの双方ともに関連鉱物の調達網を多様にし、特定の国への依存度を下げていきたいとの思惑がある。

日本は水酸化リチウムの調達の8割弱を中国に頼り、コバルトを精製するプロセスも6割超を中国に依存する。中国は2010年の沖縄県・尖閣諸島沖での中国漁船衝突事件を受けてレアアースの対日輸出を規制し、日本が供給確保に追われた経緯がある。

首相は16日から18日までサウジアラビア、アラブ首長国連邦（UAE）、カタールの3カ国を訪れる。各国の首脳との会談ではエネルギー分野などでの協力を確認する。

（2023年7月15日　日本経済新聞）

洋上風力30年に7倍に、G7環境相会合　声明に明記へ

主要7カ国（G7）は気候・エネルギー・環境相会合の共同声明に再生可能エネルギーの導入目標を明記する方向で調整に入った。洋上風力発電は2030年までに7カ国合計で1.5億キロワットに引き上げる。21年実績の約7倍で、ウクライナ危機を受けて導入スピードを加速する。

太陽光は10億キロワットと、3倍強にする。曲げられるため建物の壁面にも貼れる「ペロブスカイト太陽電池」や、浮体式の洋上風力発電などの開発・実用化を進めるといった具体策も声明に記す。

大きな争点となっている石炭火力発電所を巡っては欧州が廃止時期の明記を求めている。共同声明案では「1.5度目標に整合する」と記述する方向で調整を進めている。15日から札幌市で開く閣僚級会合で詰めの議論に入る。

議長国の日本は30年時点で発電量の19％を石炭火力に頼る計画を持ち、年限の明示には難色を示している。温暖化対策の国際枠組み「パリ協定」で掲げる産業革命前からの気温上昇を1.5度以内にする目標と整合性をとるとの表現で妥協案を示した形だ。

天然ガスの生産設備への投資を許容する考え方を共同声明に盛り込むことでも合意する見通しだ。22年までの声明では一致できず、明記していなかった。石炭火力よりは少ないがガス火力も二酸化炭素（CO_2）を排出するためガス生産に慎重な見方があったためだ。

ウクライナ危機による資源価格の高騰などでG7がまとまった格好だ。今後も新興国は経済成長に伴いエネルギー需要が拡大するとみられる。ガス投資が乏しいと供給不足となる懸念がある。

ガスを安定供給することが、南半球を中心とした新興・途上国「グローバルサウス」の成長と脱炭素化の両立につながると判断した。天然ガスへの投資は国際的な気候変動目標の達成を遅らせるとの指摘もある。

電気自動車（EV）の電池などに欠かせない重要鉱物の安定供給に向けた行動計画もまとめる。G7として1兆円超を財政支出し、鉱山の共同開発や使用済み製品から鉱物を回収・再利用する取り組みなどを推進することを確認する。

（2023年4月15日　日本経済新聞）

フッ化物イオン電池、蓄電容量10倍に　実用化へ日本先行

リチウムイオン電池に比べて容量が10倍にもなる可能性があると「フッ化物イオン電池」が期待を集める。京都大学や九州大学、トヨタ自動車、日産自動車など25者が参加する国のプロジェクトでは、電気自動車（EV）への搭載を目指す。

「フッ化物イオン電池の正極材料にフッ化鉄が適する可能性を実証した」。2022年12月にエネルギー関連の学術誌に掲載された九大などの論文が注目を集めた。安価なフッ化鉄で、正極材料の充放電につながる化学反応を確かめた。安く安全な蓄電池の実現に向けた大事な一歩だ。

フッ化物イオン電池はフッ素を電気エネルギーの運び手とする新たな蓄電池だ。既存のEVのリチウムイオン電池は重量1キログラムあたり200〜250ワット時という容量だが、フッ化物イオン電池は材料を工夫すれば2500ワット時以上にできる可能性があるという。

九大などの成果は新エネルギー・産業技術総合開発機構（NEDO）のプロジェクト「RISING3」で生まれた。トヨタや日産、本田技術研究所のほか、パナソニックホールディングス（HD）傘下のパナソニックエナジーやダイキン工業、立命館大学などが参画する。

RISINGは革新電池の開発を目指すプロジェクトで09年から1期目が始まった。硫化物電池などの開発が進み、各社が事業化を考える段階になった。21〜25年度の3期目ではフッ化物イオン電池と亜鉛負極電池を対象に選んだ。

プロジェクトリーダーを務める京大の安部武志教授は「エネルギー密度が高いだけでなく、コストや資源リスクの観点も重視した」と話す。フッ化物イオン電池では、重量1キログラムあたり500ワット時以上というリチウムイオン電池の約2倍の容量の試作を目指す。

課題はフッ化物イオンと相性のいい電極材料と電解質の探索だ。十分に反応しなければ電池の潜在能力を発揮できない。リチウムイオン電池で使うレアメタル（希少金属）に代わり、豊富な銅やアルミニウムも電極材料の候補になる。動作温度の高さも課題だ。実用化は35年以降ともいわれる。

EV用の蓄電池に求められる性能は高い。小型で軽く、容量や出力が高く、寿命が長いのが理想だ。「フッ化物イオン電池は安全で安価、走行距離の長い次世代電池の最有力候補だ」（安部教授）

調査会社の矢野経済研究所（東京・中野）によると、世界の車載用リチウムイ

オン電池の市場規模は30年に21年比で約3倍に拡大する見通しだ。すべてのEVにリチウムイオン電池を使えば資源が不足する恐れもある。

現状では日本勢は研究開発で先行している。ただ、リチウムイオン電池のように将来、海外勢に量産規模などで圧倒される可能性はある。産官学を挙げて、量産までの流れをつくる必要がある。

（2023年3月17日　日本経済新聞）

海外の地熱発電に出資へ　経産省、国内開発へ技術蓄積

経済産業省は2023年度から海外の地熱発電事業への出資を始める。日本は適地の多くが国立・国定公園内にあり、開発が進んでいない。国際協力を通じて技術やノウハウを蓄える。国内の規制緩和もにらみながら脱炭素の有望技術として広く活用する下地を整える。

海外の探査事業に参画する試掘会社に独立行政法人のエネルギー・金属鉱物資源機構（JOGMEC）を通じて資金を出す。INPEXが既存の地熱発電所の拡張や新たな地質調査を検討するインドネシアやニュージーランドなどが候補となる。関連経費として23年度予算案に6.3億円を計上している。

地熱は再生可能エネルギーの一種。太陽光や風力と違って天候に左右されずに安定して発電できる。経産省によると、日本の関連資源量は原子力発電所23基分にあたる2300万キロワットと、米国とインドネシアに次いで世界で3番目に多い。

現状では十分に活用できておらず、発電設備量は60万キロワットで世界10位にとどまる。国内全体の発電量に占める割合は0.3％しかない。

今後、国内で普及を進めるには技術と規制それぞれの課題がある。技術面は例えば、インドネシアが設備の腐食リスクを高める酸性熱水を避ける研究開発で先行する。海外への出資を通じてノウハウを学ぶ。

規制については環境省が21年、国立・国定公園の一部地域での地熱開発を「原則認めない」とする通知の記載を削除した。実際には植物の復元が難しかったり景観を損ねたりする場合は発電所の立地はなお難しい。温泉への影響を懸念する地元の理解も必要になる。

（2023年2月26日　日本経済新聞）

水素・アンモニア課を新設　経産省、GXへ組織改編

経済産業省は2023年夏をめどに資源エネルギー庁に水素・アンモニア課を新設する方針だ。石油や天然ガスの安定確保を担う石油・天然ガス課を燃料資源開発課に変更する。非化石燃料も含めた資源確保や供給網の整備に取り組む。グリーントランスフォーメーション（GX）に向けた組織改編とする。

22日に開いた総合資源エネルギー調査会（経産相の諮問機関）資源・燃料分科会で改編案を示した。いずれも仮称で、関係法令を改正して正式に決める。

水素・アンモニア課は省エネルギー・新エネルギー部に設ける。水素とアンモニアは燃やしても二酸化炭素（CO_2）が出ない。石炭や天然ガスに混ぜるなどして使えばCO_2の排出を減らせる。ガソリンなどと異なり水素の供給網は整備が進んでいないため、新組織が様々な支援策や需要拡大政策を展開する。

資源・燃料部の燃料資源開発課は従来の石油・天然ガスに加え、水素やアンモニアといった非化石燃料も含めて海外からの安定調達に取り組む。上流と呼ばれる開発や生産を担う国や地域、企業と連携する。

現状では水素とアンモニアは化石燃料を原料にしてつくることが多く、生産過程でCO_2が出る課題がある。再生可能エネルギーで生産すればCO_2はゼロにできる。再生エネの導入量の多い国や地域でつくった水素やアンモニアの活用に向け、新しい資源外交も新組織で推進する。

同部の石油精製備蓄課と石油流通課は燃料基盤課に再編する。石油の名称を省き、水素とCO_2を合成した液体燃料なども所管する。

（2023年2月22日　日本経済新聞）

事業用太陽光、屋根置き促進へ　住民説明など認定条件に

経済産業省は31日、再生可能エネルギーの普及を後押しする固定価格買い取り制度（FIT）に2024年度から新しい区分を設けると明らかにした。企業が工場や倉庫の屋根に置いた太陽光発電パネルでつくる電気を1キロワット時あたり12円で買い取る。足元の電気代が高騰する中、平地より2〜3割ほど高くして企業の導入意欲を高める。

調達価格等算定委員会が24年度の買い取り価格をまとめた。FITは企業や家庭が発電した再生エネの電気を電力会社が10〜20年間、固定価格で買い取

る仕組み。東日本大震災後の12年度に導入した。家庭や企業が電気代に上乗せして支払う賦課金が原資になっている。

12円で買い取る屋根置きは出力10キロワット以上の事業用太陽光が対象となる。平地などに置く場合は10キロワット以上50キロワット未満で10円、50キロワット以上250キロワット未満で9.2円に設定する。屋根置きについては23年10月以降の認可分にも遡及して適用する。24年度から適用すると企業が投資を先送りする可能性があるためだ。

経産省は30年度の温暖化ガス排出削減目標の達成に向けて、屋根が広い物流倉庫などに導入余地があるとみる。足場設置や耐震補強などの建設コストがかさむため価格差をつける。

買い取り価格の引き上げは賦課金の上昇圧力になるが、全体で見ればわずかで、経産省は「国民負担に直結するような上昇は見込まれない」と説明する。再生エネの導入量が増えれば、化石燃料の輸入は減る。資源価格が高止まりする場合、電気代全体では消費者の負担を軽減する効果がでる可能性もある。

ロシアによるウクライナ侵攻などによる燃料価格の高騰で足元の電気代は高い。電力を多く消費する企業が太陽光を導入すれば自家消費できる利点がある。固定価格で売電できるため設置にも踏み切りやすい。

国内で太陽光パネルを設置できる適地は減っている。山間部に設置するケースが増えたことで景観や防災を巡る住民トラブルも少なくない。

経産省は事業者に対して、森林法や盛土規制法などの関係法令に基づく許認可を取得することをFITの申請要件にする方針だ。省令改正で対応する。法令違反した事業者に対しFIT交付金を早期に停止できるよう再エネ特措法の改正案を通常国会に提出する。

地域住民の理解を得るため、住民説明会などで事業内容を事前に通知することをFIT認定の条件にする。30年代半ば以降に大量廃棄が見込まれる使用済みパネルの処分やリサイクルを巡り、パネルに含まれる物質の表示をFIT認定の義務とするよう省令改正する。

（2023年1月31日　日本経済新聞）

サウジ原油調整金下げ、1年3カ月ぶり低水準　2月積み

サウジアラビア国営石油のサウジアラムコは、2月積みのアジア向け原油の調整金を引き下げる。代表油種の「アラビアンライト」は1月積みから1.45ドル

低い1バレルあたり1.80ドルの割り増しと、2021年11月以来1年3カ月ぶりの低水準となった。中国の新型コロナウイルス感染拡大に伴う足元の原油需要の鈍さなどを映した。

日本の石油会社がサウジと結ぶ長期契約の価格は、ドバイ原油とオマーン原油の月間平均価格を指標とし、油種ごとに調整金を加減して決まる。

2月は5油種全てで調整金が引き下げとなった。引き下げ幅が最も大きかったのは軽質の「エキストラライト」で、1月積みに比べて2.90ドル引き下げ1バレルあたり3.55ドルの割り増しとした。同じく軽質の「スーパーライト」も同2.40ドル引き下げ4.95ドルの割り増しとなった。石油化学品に使うナフサの需要低迷が響いたもようだ。

重質の「アラビアンヘビー」は1月積みに比べて1.00ドル引き下げ2.25ドルの割り引きとなり、2カ月連続で割り引きが適用となった。

中国では新型コロナを封じ込める「ゼロコロナ」政策が事実上終わり、今後は経済再開に伴って原油需要が徐々に回復すると見込まれている。一方で「急激な方針転換は足元の感染急拡大も招いており、需要回復が遅れる可能性もある」（エネルギー・金属鉱物資源機構＝JOGMEC＝の野神隆之首席エコノミスト）。アジア市場の競合激化も影響した。欧州連合（EU）は22年12月からロシア産原油の禁輸に踏み切った。ロシアは買い手が減った分、中国やインドなどに割り引き販売を余儀なくされている。割安なロシア産のアジア市場への流入で、中東産の需要が圧迫されている面もあるとみられる。

（2023年1月11日　日本経済新聞）

現職者・退職者が語る 資源・素材業界の口コミ

※編集部に寄せられた情報を基に作成

▶労働環境

職種：経営企画　年齢・性別：30代後半・男性

・30代半ばまではほぼ年功序列で賞与も横並びです。
・昇進に差がつきにくいので，同期の間も和気あいあいとしています。
・実質的な最初の選別は，30代後半で課長級（管理職）に昇格する時。
・課長級昇格後に，将来の幹部となる人材を選抜しているようです。

職種：社内SE　年齢・性別：20代後半・男性

・人と人との関わり方が丁寧で，とても雰囲気の良い会社です。
・有給休暇が取得しやすく，無理な残業が続くこともありません。
・勤続年数がある程度行くと，長期の休暇を取ることができます。
・長期休暇で海外旅行に出かけている人もいます。

職種：ネイリスト　年齢・性別：20代後半・女性

・風通しの良い職場で，仲間を大切にする雰囲気です。
・定期的に上司に悩みなどを相談出来る機会が設けられています。
・指導は厳しい事もありましたが，後で必ずフォローしてくれます。
・モチベーションが下がらないよう，皆で励ましあえる環境です。

職種：法人営業　年齢・性別：30代後半・男性

・外部資格や社内資格の取得，通信教育の受講等が昇進には必要です。
・業務に直接関係のない資格もありますが，視野を広げる効果も。
・受講費用の補助もあるので，積極的に挑戦してみると良いでしょう。
・部署によっては，全く受講する時間が取れないこともありますが。

▶福利厚生

職種：機械関連職　　年齢・性別：20代後半・男性

・福利厚生は基本的なものは揃っており，細かな補助等もあります。
・社内の研修センターやeラーニングなど，学習環境も整っています。
・自主的にキャリアアップを目指したい人には良い環境だと思います。
・休暇取得は部署にもよりますが，ほぼ取得できていると思います。

職種：技能工（その他）　　年齢・性別：50代前半・男性

・有給休暇が貯められるのは最大40日まで。
・年齢制限がありますが，男女共に独身寮や社宅があります。
・育児休暇制度やボランティア活動などのための休暇制度もあります。
・勤続10年目，30年目に旅行補助金と連続休暇がもらえます。

職種：一般事務　　年齢・性別：20代後半・女性

・住宅補助，産休制度も整っており，福利厚生は充実しています。
・サービス残業や休日出勤もなく有給休暇も取りやすいと思います。
・残業は基本的にあまりありませんが残業代はきちんと支払われます。
・組合企画のイベントなどもあり，風通しはいい環境だと思います。

職種：海外営業　　年齢・性別：30代後半・男性

・30代半ばから裁量労働になり，残業代ではなく定額の手当が出ます。
・社宅は充実していて，都内に新築の社宅が幾つかあり快適です。
・勤務時間は部署によりますが，それほど忙しくはありません。
・社内公募制は年に一回応募でき，異動は基本的に3〜5年ごとです。

▶仕事のやりがい

職種：スーパーバイザー　　年齢・性別：20代後半・女性

- 女性社会ですが，風通しは良く社風は非常に良いです。
- 先輩方から商品の奥深さや接客の奥深さを教えていただけます。
- 下着から世の女性を美しくという目標を掲げ，日々奮闘しています。
- 世間の女性から信頼を得ている商品に携われ，やりがいを感じます。

職種：法人営業　　年齢・性別：20代後半・男性

- 世の中のエネルギーを支える，やりがいのある仕事だと思います。
- 人々の生活に不可欠なものを扱う使命感を実感できます。
- 日々，専門性を高めることができる環境に恵まれています。
- 社風はとても明るい人が多いので過ごしやすいと思います。

職種：法人営業　　年齢・性別：30代後半・男性

- 経験を積めば大きな額が動く仕事を任せてもらえるようになります。
- やりがいを感じるのは，お客様から感謝のお言葉をいただいた時。
- スキル不足でもやる気と熱意で希望部門に異動した社員もいます。
- 社内や事業部内でイベントが企画され，横の風通しも良いです。

職種：生産技術（機械）　　年齢・性別：50代前半・男性

- 若い時から，グローバルな大きな仕事を任せて貰えること。
- 新商品の企画から販売まで一貫して見られる面白みもあります。
- 社員一人一人と上司が半期ごとに面接をし，達成度など確認します。
- 本人のやる気と実力次第で，どんどん成長できる環境だと思います。

▶ブラック？ホワイト？

職種：生産管理・品質管理（機械）　　年齢・性別：20代後半・男性

・エネルギーのリーディングカンパニーとしての力強さは皆無かと。
・全社的に地味ですし，悪い意味で波風立てない保守的な社風です。
・コスト低減にも積極的ではなく，社内政治的な仕事が多いです。
・お客様のお役に立っている仕事ができていないと感じてしまいます。

職種：電気・電子関連職　　年齢・性別：30代後半・男性

・残業代はでるが，経費削減という名目で残業時間にはうるさいです。
・インフラ企業なので，頑張りで評価されるわけでもありません。
・上司の好き嫌いといった，個人的な評価で給料が増減する世界です。
・頑張って上司を持ち上げ続ければ評価される日も近づくのかも。

職種：電気・電子関連職　　年齢・性別：30代後半・男性

・学閥が存在し，越えられない壁というのができています。
・日本の昔ながらの安定した大企業の体質そのままです。
・仕事ができる人ほどやりがいのなさで悩むことになるようです。
・割り切って，企業のブランドイメージに頼るならば安泰かと。

職種：財務　　年齢・性別：20代後半・男性

・総合職の場合，深夜残業や休日出勤が年間を通して頻繁にあります。
・研修や教育に熱心ですが，平常業務に上積みとなり負担は増えます。
・使命感を持ち全身全霊で仕事に取り組む人には良い職場でしょう。
・事務系の場合は転勤も多いので，生活設計が難しくなることも。

▶女性の働きやすさ

職種：販売スタッフ　　年齢・性別：20代後半・女性

・年代関係なく女性は働きやすく，多くの女性が活躍しています。
・育児休暇や生理休暇もあって，取得もしやすいと思います。
・乳がん検診や，子宮がん検診など，健康診断も充実しています。
・仕事柄，美意識が高くなるのか，社内の方は皆さん綺麗です。

職種：事務関連職　　年齢・性別：20代後半・男性

・人事異動や職場環境を含め女性への配慮は一層充実してきています。
・既婚者は自宅近くの支店への異動や，夫の転勤先に応じることも。
・新しい取り組みを通じて，女性社員の長期雇用を目指しています。
・もともと女性には働きやすい職場でしたが，更に良くなった印象。

職種：MR・MS　　年齢・性別：20代後半・女性

・女性が育児のために時短勤務ができるような環境ではないです。
・育休後職場復帰して仕事と育児を両立させるのは難しいかと。
・女性の労働環境を向上させつつありますが，道半ばという感じです。
・出産や育児を考えなければ，男女で出世に差はないと思います。

職種：総務　　年齢・性別：30代前半・女性

・出産，育児休暇はきちんと取得させてもらえました。
・結婚後も働いている女性のほとんどが，休暇を取得しています。
・産休中は給与も会社から支給されます。（育休中は別）
・出産後も大変な思いをすることなく，元の仕事に復帰できます。

▶今後の展望

職種：法人営業　　　年齢・性別：20代後半・男性

・まだまだ女性の管理職の割合は少ないのが現状です。
・育休など取りやすいため，最近では復帰する女性も増えています。
・総合職の場合，転勤が多いため既婚者が続けにくいのがネックです。
・社会環境の変化に伴い，今後女性管理職も増やす方針のようです。

職種：法人営業　　　年齢・性別：30代後半・男性

・震災後電力会社が向かい風の中，自社へは追い風が吹いています。
・電力市場の完全自由化の流れの中，市場への参入も果たしました。
・現在は規模で上回る電力会社も飲み込もうとする勢いだと思います。
・人材確保や人材育成にも力を入れており，将来性は十分です。

職種：購買・資材　　　年齢・性別：30代後半・男性

・女性も管理職を目指せると思いますが，まだ見たことがありません。
・そもそも総合職の女性が少なく，勤続する女性も少ないためかと。
・ダイバーシティやワークライフバランスに会社も注力しています。
・女性総合職，管理職を今後増やしていく方針のようです。

職種：マーケティング・企画系管理職　　　年齢・性別：30代後半・男性

・女性管理職を増やしていく方針を打ち出しています。
・実際に年次的に男性社員よりも早く課長に登用された人もいます。
・出産・育児休暇を取ることに対するネガティブな反応はありません。
・マネジメントレベルを目指す女性には良い会社になりつつあります。

資源・素材業界　国内企業リスト（一部抜粋）

区別	会社名	本社住所
ガラス・土石製品	日東紡績	東京都千代田区九段北 4-1-28
	旭硝子	東京都千代田区丸の内一丁目 5 番 1 号
	日本板硝子	大阪市中央区北浜 4 丁目 5 番 33 号
	石塚硝子	愛知県岩倉市川井町 1880 番地
	日本山村硝子	兵庫県尼崎市西向島町 15 番 1 号
	日本電気硝子	滋賀県大津市晴嵐二丁目 7 番 1 号
	オハラ	神奈川県相模原市中央区小山一丁目 15 番 30 号
	住友大阪セメント	東京都千代田区六番町 6 番地 28
	太平洋セメント	東京都港区台場 2-3-5 台場ガーデンシティビル
	デイ・シイ	神奈川県川崎市川崎区東田町 8 番地
	日本ヒューム	東京都港区新橋 5-33-11
	日本コンクリート工業	東京都港区港南 1 丁目 8 番 27 号　日新ビル
	三谷セキサン	福井県福井市豊島 1 丁目 3 番 1 号
	ジャパンパイル	東京都中央区日本橋浜町 2 丁目 1 番 1 号
	東海カーボン	東京都港区北青山 1-2-3
	日本カーボン	東京都中央区八丁堀 2-6-1
	東洋炭素	大阪市北区梅田 3-3-10 梅田ダイビル 10 階
	ノリタケカンパニーリミテド	愛知県名古屋市西区則武新町三丁目 1 番 36 号
	TOTO	福岡県北九州市小倉北区中島 2-1-1
	日本碍子	愛知県名古屋市瑞穂区須田町 2 番 56 号
	日本特殊陶業	名古屋市瑞穂区高辻町 14-18
	ダントーホールディングス	大阪府大阪市北区梅田三丁目 3 番 10 号
	MARUWA	愛知県尾張旭市南本地ヶ原町 3-83
	品川リフラクトリーズ	東京都千代田区大手町 2 丁目 2 番 1 号 新大手町ビル 8F
	黒崎播磨	福岡県北九州市八幡西区東浜町 1 番 1 号
	ヨータイ	大阪府貝塚市二色中町 8 番 1 号
	イソライト工業	大阪府大阪市北区中之島 3 丁目 3 番 23 号
	東京窯業	東京都港区港南 2-16-2 太陽生命品川ビル 10F

区別	会社名	本社住所
ガラス・土石製品	ニッカトー	大阪府堺市堺区遠里小野町 3-2-24
	フジミインコーポレーテッド	愛知県清須市西枇杷島町地領二丁目 1 番地 1
	エーアンドエーマテリアル	横浜市鶴見区鶴見中央 2 丁目 5 番 5 号
	ニチアス	東京都港区芝大門一丁目 1 番 26 号
	ニチハ	愛知県名古屋市中区錦二丁目 18 番 19 号 三井住友銀行名古屋ビル
ゴム製品	横浜ゴム	東京都港区新橋五丁目 36 番 11 号
	東洋ゴム工業	大阪府大阪市西区江戸堀一丁目 17 番 18 号
	ブリヂストン	東京都中央区京橋一丁目 10 番 1 号
	住友ゴム工業	神戸市中央区脇浜町 3 丁目 6 番 9 号
	藤倉ゴム工業	東京都江東区有明 3-5-7
	オカモト	東京都文京区本郷 3 丁目 27 番 12 号
	フコク	埼玉県さいたま市中央区新都心 11-2 ランドアクシスタワー 24F
	ニッタ	大阪府大阪市浪速区桜川 4-4-26
	東海ゴム工業	愛知県小牧市東三丁目 1 番地
	三ツ星ベルト	兵庫県神戸市長田区浜添通 4 丁目 1 番 21 号
	バンドー化学	兵庫県神戸市中央区港島南町 4 丁目 6 番 6 号
パルプ・紙	特種東海製紙	東京都中央区八重洲 2-4-1
	王子ホールディングス	東京都中央区銀座四丁目 7 番 5 号
	日本製紙	東京都千代田区神田駿河台四丁目 6 番地
	三菱製紙	東京都墨田区両国 2 丁目 10 番 14 号
	北越紀州製紙	東京都中央区日本橋本石町 3-2-2
	中越パルプ工業	富山県高岡市米島 282
	巴川製紙所	東京都中央区京橋一丁目 7 番 1 号
	大王製紙	愛媛県四国中央市三島紙屋町 2 番 60 号 東京都中央区八重洲 2 丁目 7 番 2 号 八重洲三井ビル
	レンゴー	大阪府大阪市北区中之島二丁目 2 番 7 号
	トーモク	東京都千代田区丸の内 2-2-2
	ザ・パック	大阪府大阪市東成区東小橋 2 丁目 9-9

区別	会社名	本社住所
化学	クラレ	東京都千代田区大手町 1-1-3 大手センタービル
	旭化成	東京都千代田区神田神保町 1 丁目 105 番地 神保町三井ビル内
	共和レザー	静岡県浜松市南区東町 1876 番地
	コープケミカル	東京都千代田区一番町 23 番地 3
	昭和電工	東京都港区芝大門 1 丁目 13 番 9 号
	住友化学	大阪市中央区北浜 4 丁目 5 番 33 号 住友ビル
	日本化成	東京都中央区新川 1-8-8
	住友精化	大阪市中央区北浜 4 丁目 5 番 33 号 住友ビル本館
	日産化学工業	東京都千代田区神田錦町 3 丁目 7 番地 1
	ラサ工業	東京都中央区京橋 1-1-1 八重洲ダイビル
	クレハ	東京都中央区日本橋浜町三丁目 3 番 2 号
	多木化学	兵庫県加古川市別府町緑町 2 番地
	テイカ	大阪府大阪市中央区北浜 3 丁目 6 番 13 号 11
	石原産業	大阪府大阪市西区江戸堀一丁目 3 番 15 号
	片倉チッカリン	東京都千代田区九段北一丁目 13 番 5 号
	日本曹達	東京都千代田区大手町二丁目 2 番 1 号 新大手町ビル
	東ソー	東京都港区芝三丁目 8 番 2 号
	トクヤマ	東京都渋谷区渋谷 3-3-1
	セントラル硝子	東京都千代田区神田錦町三丁目 7 番地 1 興和一橋ビル
	東亞合成	東京都港区西新橋一丁目 14 番 1 号
	ダイソー	大阪府大阪市西区阿波座 1-12-18
	関東電化工業	東京都千代田区丸の内 1-2-1
	電気化学工業	東京都中央区日本橋室町二丁目 1 番 1 号 日本橋三井タワー
	信越化学工業	東京都千代田区大手町二丁目 6 番 1 号
	日本カーバイド工業	東京都港区港南 2-11-19
	堺化学工業	大阪府堺市堺区戎之町西 1 丁 1 番 23 号
	エア・ウォーター	大阪市中央区東心斎橋一丁目 20 番 16 号
	大陽日酸	東京都品川区小山一丁目 3 番 26 号

区別	会社名	本社住所
化学	日本化学工業	東京都江東区亀戸 9-11-1
	日本パーカライジング	東京都中央区日本橋一丁目 15 番 1 号
	高圧ガス工業	大阪市北区堂山町 1 番 5 号
	チタン工業	山口県宇部市小串 1978 番地の 25
	四国化成工業	香川県丸亀市土器町東八丁目 537 番地 1
	戸田工業	広島県大竹市明治新開 1-4
	ステラ　ケミファ	大阪府大阪市中央区淡路町 3-6-3 NM プラザ御堂筋 3F
	保土谷化学工業	東京都中央区八重洲二丁目 4 番地 1 号 常和八重洲ビル
	日本触媒	大阪府大阪市中央区高麗橋四丁目 1 番 1 号 興銀ビル
	大日精化工業	東京都中央区日本橋馬喰町 1-7-6
	カネカ	大阪市北区中之島二丁目 3 番 18 号
	三菱瓦斯化学	東京都千代田区丸の内二丁目 5 番 2 号 三菱ビル
	三井化学	東京都港区東新橋一丁目 5 番 2 号
	JSR	東京都港区東新橋一丁目 9 番 2 号汐留住友ビル
	東京応化工業	神奈川県川崎市中原区中丸子 150
	大阪有機化学工業	大阪府大阪市中央区安土町 1-7-20
	三菱ケミカル ホールディングス	東京都千代田区丸の内一丁目 1 番 1 号 パレスビル
	日本合成化学工業	大阪府大阪市北区大淀中 1-1-88 梅田スカイビルタワーイースト
	ダイセル	大阪府大阪市北区梅田 3-4-5 毎日インテシオ 東京都港区港南二丁目 18 番 1 号 JR 品川イーストビル
	住友ベークライト	東京都品川区東品川二丁目 5 番 8 号 天王洲パークサイドビル
	積水化学工業	大阪府大阪市北区西天満 2 丁目 4 番 4 号
	日本ゼオン	東京都千代田区丸の内 1-6-2 新丸の内センタービル
	アイカ工業	愛知県清須市西堀江 2288 番地
	宇部興産	宇部本社：山口県宇部市大字小串 1978-96 東京本社：東京都港区芝浦 1-2-1 シーバンス N 館
	積水樹脂	東京都港区海岸 1 丁目 11 番 1 号 ニューピア竹芝ノースタワー
	タキロン	大阪府大阪市北区梅田三丁目 1 番 3 号 ノースゲートビルディング

区別	会社名	本社住所
化学	旭有機材工業	宮崎県延岡市中の瀬町2丁目5955番地
	日立化成	東京都千代田区丸の内一丁目9番2号 （グラントウキョウサウスタワー）
	ニチバン	東京都文京区関口二丁目3番3号
	リケンテクノス	東京都中央区日本橋本町3丁目11番5号
	大倉工業	香川県丸亀市中津町1515番地
	積水化成品工業	大阪市北区西天満2丁目4番4号 関電堂島ビル
	群栄化学工業	群馬県高崎市宿大類町700番地
	タイガースポリマー	大阪府豊中市新千里東町1丁目4番1号 （阪急千里中央ビル8階）
	ミライアル	東京都豊島区西池袋1-18-2
	日本化薬	東京都千代田区富士見1-11-2 東京富士見ビル
	カーリット ホールディングス	東京都中央区京橋1丁目17番10号
	日本精化	大阪府大阪市中央区備後町2丁目4番9号 日本精化ビル
	ADEKA	東京都荒川区東尾久七丁目2番35号
	日油	東京都渋谷区恵比寿4-20-3 恵比寿ガーデンプレイスタワー
	新日本理化	大阪府大阪市中央区備後町2丁目1番8号
	ハリマ化成グループ	東京都中央区日本橋3丁目8番4号※1
	花王	東京都中央区日本橋茅場町一丁目14番10号
	第一工業製薬	京都府京都市南区吉祥院大河原町5
	三洋化成工業	京都府京都市東山区一橋野本町11番地の1
	大日本塗料	大阪府大阪市此花区西九条六丁目1番124号
	日本ペイント	大阪府大阪市北区大淀北2-1-2
	関西ペイント	大阪府大阪市中央区今橋2丁目6番14号
	神東塗料	兵庫県尼崎市南塚口町6丁目10番73号
	中国塗料	東京都千代田区霞が関3丁目2番6号 東京倶楽部ビルディング
	日本特殊塗料	東京都北区王子5丁目16番7号
	藤倉化成	東京都港区芝公園2-6-15 黒龍芝公園ビル
	太陽ホールディングス	東京都練馬区羽沢二丁目7番1号

区別	会社名	本社住所
化学	DIC	東京都千代田区神田淡路町2丁目101番地 ワテラスタワー
	サカタインクス	大阪府大阪市西区江戸堀一丁目23番37号
	東洋インキSC ホールディングス	東京都中央区京橋三丁目7番1号
	T＆K　TOKA	東京都板橋区泉町20番4号
	富士フイルム ホールディングス	東京都港区赤坂九丁目7番3号 ミッドタウン・ウェスト
	資生堂	東京都港区東新橋一丁目6番2号
	ライオン	東京都墨田区本所一丁目3番7号
	高砂香料工業	東京都大田区蒲田 5-37-1
	マンダム	大阪府大阪市中央区十二軒町 5-12
	ミルボン	大阪府大阪市都島区善源寺町二丁目3番35号
	ファンケル	神奈川県横浜市中区山下町89番地1
	コーセー	東京都中央区日本橋三丁目6番2号 日本橋フロント
	ドクターシーラボ	東京都渋谷区広尾一丁目1番39号 恵比寿プライムスクエアタワー 14F
	シーボン	神奈川県川崎市宮前区菅生1丁目20番8号
	ポーラ・オルビス ホールディングス	東京都中央区銀座 1-7-7　ポーラ銀座ビル
	ノエビアホールディングス	兵庫県神戸市中央区港島中町 6-13-1
	エステー	東京都新宿区下落合一丁目4番10号
	コニシ	大阪府大阪市中央区道修町一丁目7番1号 （北浜 TNK ビル）
	長谷川香料	東京都中央区日本橋本町4丁目4番14号
	星光 PMC	東京都中央区日本橋本町3丁目3番6号
	小林製薬	大阪府大阪市中央区道修町四丁目4番10号 KDX 小林道修町ビル
	荒川化学工業	大阪市中央区平野町1丁目3番7号
	メック	兵庫県尼崎市昭和通3丁目95番地
	日本高純度化学	東京都練馬区北町三丁目10番18号
	JCU	東京都台東区東上野4丁目8－1 TIXTOWER UENO 16階
	新田ゼラチン	大阪市浪速区桜川4丁目4番26号

区別	会社名	本社住所
化学	アース製薬	東京都千代田区神田司町二丁目 12 番地 1
	イハラケミカル工業	東京都台東区池之端一丁目 4-26
	北興化学工業	東京都中央区日本橋本石町四丁目 4 番 20 号 （三井第二別館）
	大成ラミック	埼玉県白岡市下大崎 873-1
	クミアイ化学工業	東京都台東区池之端一丁目 4 番 26 号
	日本農薬	東京都中央区京橋 1-19-8（京橋 OM ビル）
	アキレス	東京都新宿区大京町 22-5
	有沢製作所	新潟県上越市南本町 1-5-5
	日東電工	大阪府大阪市北区大深町 4-20 グランフロント大阪タワー A
	レック	東京都中央区日本橋浜町 3-15-1 日本橋安田スカイゲート 6 階
	きもと	埼玉県さいたま市中央区鈴谷 4 丁目 6 番 35 号
	藤森工業	東京都新宿区西新宿一丁目 23 番 7 号 新宿ファーストウエスト 10 階
	前澤化成工業	東京都中央区八重洲二丁目 7 番 2 号
	JSP	東京都千代田区丸の内 3-4-2（新日石ビル）
	エフピコ	広島県福山市曙町 1 丁目 12 番 15 号
	天馬	東京都北区赤羽 1-63-6
	信越ポリマー	東京都中央区日本橋本町 4-3-5 信越ビル
	東リ	兵庫県伊丹市東有岡 5 丁目 125 番地
	ニフコ	神奈川県横浜市戸塚区舞岡町 184-1
	日本バルカー工業	東京都品川区大崎二丁目 1 番 1 号
	ユニ・チャーム	東京都港区三田 3-5-27
金属製品	稲葉製作所	東京都大田区矢口 2 丁目 5 番 25 号
	宮地エンジニアリング グループ	東京都中央区日本橋富沢町 9 番 19 号
	トーカロ	兵庫県神戸市東灘区深江北町 4 丁目 13 番 4 号
	アルファ	神奈川県横浜市金沢区福浦 1-6-8
	SUMCO	東京都港区芝浦一丁目 2 番 1 号
	川田テクノロジーズ	東京都北区滝野川 1-3-11

区別	会社名	本社住所
金属製品	東洋製罐グループ ホールディングス	東京都品川区東五反田 2-18-1 大崎フォレストビルディング
	ホッカンホールディングス	東京都千代田区丸の内 2-2-2　丸の内三井ビル
	コロナ	新潟県三条市東新保 7 番 7 号
	横河ブリッジ ホールディングス	千葉県船橋市山野町 27　横河テクノビル
	日本橋梁	東京都江東区豊洲 5 丁目 6 番 52 号 （NBF 豊洲キャナルフロント）
	駒井ハルテック	東京都台東区上野 1 丁目 19 番 10 号
	高田機工	東京都中央区日本橋大伝馬町 3 番 2 号 （Daiwa 小伝馬町ビル）
	三和ホールディングス	東京都新宿区西新宿 2 丁目 1 番 1 号 新宿三井ビル 52 階
	文化シヤッター	東京都文京区西片 1 丁目 17 番 3 号
	三協立山	富山県高岡市早川 70
	東洋シヤッター	大阪市中央区南船場二丁目 3 番 2 号
	LIXIL グループ	東京都千代田区霞が関三丁目 2 番 5 号 霞が関ビルディング 36 階
	日本フイルコン	東京都稲城市大丸 2220
	ノーリツ	兵庫県神戸市中央区江戸町 93 番地（栄光ビル）
	長府製作所	山口県下関市長府扇町 2 番 1 号
	リンナイ	愛知県名古屋市中川区福住町 2-26
	ダイニチ工業	新潟県 新潟市南区北田中 780-6
	日東精工	京都府綾部市井倉町梅ケ畑 20 番地
	三洋工業	東京都江東区亀戸 6-20-7
	岡部	東京都墨田区押上 2 丁目 8 番 2 号
	中国工業	広島県呉市広名田一丁目 3 番 1 号
	東プレ	東京都中央区日本橋 3-12-2（朝日ビル）
	高周波熱錬	東京都品川区東五反田二丁目 17 番 1 号 オーバルコート大崎マークウエスト
	東京製綱	東京都中央区日本橋 3-6-2（日本橋フロント）
	サンコール	京都市右京区梅津西浦町 14 番地
	モリテック　スチール	大阪府大阪市中央区谷町 6-18-31
	パイオラックス	神奈川県横浜市保土ケ谷区岩井町 51

区別	会社名	本社住所
金属製品	日本発條	神奈川県横浜市金沢区福浦 3-10
	中央発條	愛知県名古屋市緑区鳴海町上汐田 68 番地
	アドバネクス	東京都北区田端六丁目 1 番 1 号 田端アスカタワー
	三益半導体工業	群馬県高崎市保渡田町 2174-1
鉱業	住石ホールディングス	東京都港区新橋 2 丁目 12 番 15 号（田中田村町ビル）
	日鉄鉱業	東京都千代田区丸の内 2 丁目 3-2
	三井松島産業	福岡県福岡市中央区大手門 1 丁目 1 番 12 号
	国際石油開発帝石	東京都港区赤坂 5-3-1　赤坂 Biz タワー 32F
	日本海洋掘削	東京都中央区日本橋堀留町 2-4-3 新堀留ビル
	関東天然瓦斯開発	東京都中央区日本橋室町二丁目 1-1 三井二号館
	石油資源開発	東京都千代田区丸の内一丁目 7 番 12 号
石油・石炭製品	日本コークス工業	東京都江東区豊洲三丁目 3 番 3 号
	昭和シェル石油	東京都港区台場二丁目 3 番 2 号 台場フロンティアビル
	コスモ石油	東京都港区芝浦一丁目 1 番 1 号 浜松町ビルディング
	ニチレキ	東京都千代田区九段北 4-3-29
	東燃ゼネラル石油	東京都港区港南一丁目 8 番 15 号
	ユシロ化学工業	東京都大田区千鳥 2-34-16
	ビーピー・カストロール	東京都品川区大崎 1 － 11 － 2　ゲートシティ大崎
	富士石油	東京都品川区東品川二丁目 5 番 8 号 天王洲パークサイドビル 10 階・11 階
	MORESCO	兵庫県神戸市中央区港島南町 5-5-3
	出光興産	東京都千代田区丸の内 3 丁目 1 番 1 号
	JX ホールディングス	東京都千代田区大手町 2-6-3
繊維製品	片倉工業	東京都中央区明石町 6-4 ニチレイ明石町ビル
	グンゼ	大阪市北区梅田 1 丁目 8-17　大阪第一生命ビル
	東洋紡	大阪市北区堂島浜二丁目 2 番 8 号
	ユニチカ	大阪府大阪市中央区久太郎町四丁目 1 番 3 号 大阪センタービル
	富士紡ホールディングス	東京都中央区日本橋人形町 1-18-12
	日清紡ホールディングス	東京都中央区日本橋人形町 2-31-11

区別	会社名	本社住所
繊維製品	倉敷紡績	大阪市中央区久太郎町 2 丁目 4 番 31 号
	シキボウ	大阪府大阪市中央区備後町 3-2-6
	日本毛織	大阪府大阪市中央区瓦町三丁目 3-10
	大東紡織	東京都中央区日本橋小舟町 6 番 6 号 小倉ビル
	トーア紡コーポレーション	大阪府大阪市中央区瓦町三丁目 1 番 4 号
	ダイドーリミテッド	東京都千代田区外神田三丁目 1 番 16 号
	帝国繊維	東京都中央区日本橋 2 丁目 5 番 13 号
	帝人	大阪府大阪市中央区南本町一丁目 6 番 7 号
	東レ	東京都中央区日本橋室町二丁目 1 番 1 号 日本橋三井タワー
	サカイオーベックス	福井県福井市花堂中 2 丁目 15-1
	住江織物	大阪府大阪市中央区南船場三丁目 11 番 20 号
	日本フエルト	東京都北区赤羽西 1 丁目 7 番 11 号
	イチカワ	東京都文京区本郷 2 丁目 14 番 15 号
	日本バイリーン	東京都中央区築地五丁目 6 番 4 号 浜離宮三井ビルディング
	日東製網	広島県福山市一文字町 14 番 14 号
	芦森工業	大阪府大阪市西区北堀江 3 丁目 10 番 18 号
	アツギ	神奈川県海老名市大谷北 1 丁目 9-1
	ダイニック	東京都港区新橋 6-17-19 （新御成門ビル）
	セーレン	福井県福井市毛矢 1-10-1
	東海染工	愛知県名古屋市西区牛島町 6 番 1 号 3-28-12
	小松精練	石川県能美市浜町ヌ 167
	ワコールホールディングス	京都府京都市南区吉祥院中島町 29
	ホギメディカル	東京都港区赤坂 2 丁目 7 番 7 号
	レナウン	東京都江東区有明三丁目 6 番 11 号 TFT ビル東館 6F
	クラウディア	京都市右京区西院高田町 34 番地
	TSI ホールディングス	東京都千代田区麹町五丁目 7 番 1 号
	三陽商会	東京都港区海岸一丁目 2 番 20 号 汐留ビルディング （21 階～ 24 階）
	ナイガイ	東京都墨田区緑 4-19-17

区別	会社名	本社住所
繊維製品	オンワード ホールディングス	東京都中央区京橋 1 丁目 7 番 1 号 TODA BUILDING
	ルック	東京都目黒区中目黒 2 丁目 7 番 7 号
	キムラタン	兵庫県神戸市中央区京町 72 番地
	ゴールドウイン	東京都渋谷区松濤 2-20-6
	デサント	東京都豊島区目白 1-4-8 大阪市天王寺区堂ヶ芝 1-11-3
	キング	東京都品川区西五反田 2-14-9
	ヤマトインターナショナル	大阪府大阪市中央区博労町 2-3-9
鉄鋼	新日鐵住金	東京都千代田区丸の内 2 丁目 6-1
	神戸製鋼所	神戸市中央区脇浜海岸通 2 丁目 2-4
	中山製鋼所	大阪市大正区船町 1-1-66
	合同製鐵	大阪市北区堂島浜二丁目 2 番 8 号
	ジェイ エフ イー ホールディングス	東京都千代田区内幸町 2 丁目 2 番 3 号 （日比谷国際ビル 28 階）
	日新製鋼ホールディングス	東京都千代田区丸の内三丁目 4 番 1 号（新国際ビル）
	東京製鐵	東京都千代田区霞が関三丁目 7 番 1 号
	共英製鋼	大阪市北区堂島浜 1 丁目 4 番 16 号
	大和工業	兵庫県姫路市大津区吉美 380 番地
	東京鐵鋼	栃木県小山市横倉新田 520 番地
	大阪製鐵	大阪府大阪市大正区南恩加島一丁目 9-3
	淀川製鋼所	大阪市中央区南本町四丁目 1 番 1 号
	東洋鋼鈑	東京都千代田区四番町 2 番地 12
	丸一鋼管	大阪市西区北堀江 3-9-10
	モリ工業	大阪府大阪市中央区西心斎橋 2-2-3 （ORE 心斎橋ビル 9 階）
	大同特殊鋼	愛知県名古屋市東区東桜 1-1-10 アーバンネット名古屋ビル 22 階
	日本高周波鋼業	東京都千代田区岩本町一丁目 10 番 5 号
	日本冶金工業	東京都中央区京橋 1 丁目 5 番 8 号
	山陽特殊製鋼	兵庫県姫路市飾磨区中島 3007
	愛知製鋼	愛知県東海市荒尾町ワノ割 1 番地
	日立金属	東京都港区芝浦一丁目 2 番 1 号 シーバンス N 館

区別	会社名	本社住所
鉄鋼	日本金属	東京都港区芝 5 丁目 30-7
	大平洋金属	青森県八戸市大字河原木字遠山新田 5-2
	日本電工	東京都中央区八重洲 1-4-16 東京建物八重洲ビル 4 階
	栗本鐵工所	大阪府大阪市西区北堀江 1-12-19
	虹技	兵庫県姫路市大津区勘兵衛町 4 丁目 1
	日本鋳鉄管	埼玉県久喜市菖蒲町昭和沼一番地
	三菱製鋼	東京都中央区晴海三丁目 2 番 22 号 （晴海パークビル）
	日亜鋼業	兵庫県尼崎市道意町 6 丁目 74 番地
	日本精線	大阪市中央区高麗橋四丁目 1 番 1 号 興銀ビル 9F
	シンニッタン	神奈川県川崎市川崎区貝塚 1-13-1
	新家工業	大阪府大阪市中央区南船場 2-12-12
電気・ガス業	東京電力	東京都千代田区内幸町 1-1-3
	中部電力	愛知県名古屋市東区東新町 1 番地
	関西電力	大阪府大阪市北区中之島三丁目 6 番 16 号
	中国電力	広島県広島市中区小町 4 番 33 号
	北陸電力	富山県富山市牛島町 15-1
	東北電力	宮城県仙台市青葉区本町一丁目 7 番 1 号
	四国電力	香川県高松市丸の内 2 番 5 号
	九州電力	福岡県福岡市中央区渡辺通二丁目 1 番 82 号
	北海道電力	北海道札幌市中央区大通東 1 丁目 2
	沖縄電力	沖縄県浦添市牧港 5-2-1
	電源開発	東京都中央区銀座 6-15-1
	東京瓦斯	東京都港区海岸一丁目 5 番 20 号
	大阪瓦斯	大阪市中央区平野町四丁目 1 番 2 号
	東邦瓦斯	愛知県名古屋市熱田区桜田町 19 番 18 号
	北海道瓦斯	札幌市中央区大通西 7 丁目 3-1 エムズ大通ビル
	西部瓦斯	福岡県福岡市博多区千代 1 丁目 17 番 1 号
	静岡瓦斯	静岡県静岡市駿河区八幡一丁目 5-38

区別	会社名	本社住所
非鉄金属	大紀アルミニウム工業所	大阪市西区土佐堀1丁目4番8号（日栄ビル）
	日本軽金属ホールディングス	東京都品川区東品川2丁目2番20号
	三井金属鉱業	東京都品川区大崎 1-11-1 ゲートシティ大崎 ウェストタワー 19F
	東邦亜鉛	東京都中央区日本橋本町一丁目6番1号
	三菱マテリアル	東京都千代田区大手町 1-3-2
	住友金属鉱山	東京都港区新橋5丁目11番3号（新橋住友ビル）
	DOWA ホールディングス	東京都千代田区外神田四丁目14番1号 秋葉原 UDX ビル 22 階
	古河機械金属	東京都千代田区丸の内 2-2-3 （丸の内仲通りビルディング）
	エス・サイエンス	東京都中央区銀座8－9－13　K-18 ビル7階
	大阪チタニウムテクノロジーズ	兵庫県尼崎市東浜町1番地
	東邦チタニウム	神奈川県茅ヶ崎市茅ヶ崎3丁目3番地5号
	UACJ	東京都千代田区大手町 1-7-2
	古河電気工業	東京都千代田区丸の内 2-2-3
	住友電気工業	大阪市中央区北浜4丁目5番33号（住友ビル本館）
	フジクラ	東京都江東区木場 1-5-1
	昭和電線ホールディングス	東京都港区虎ノ門一丁目1番18号
	東京特殊電線	東京都港区新橋六丁目1番11号
	タツタ電線	大阪府東大阪市岩田町2丁目3番1号
	沖電線	神奈川県川崎市中原区下小田中2丁目 12-8
	カナレ電気	神奈川県横浜市港北区新横浜二丁目4番1号 新横浜 WN ビル 4F
	平河ヒューテック	東京都品川区南大井 3-28-10
	リョービ	広島県府中市目崎町 762 番地
	アサヒホールディングス	兵庫県神戸市中央区加納町 4-4-17 ニッセイ三宮ビル 16F

第**3**章

就職活動のはじめかた

入りたい会社は決まった。しかし「就職活動とはそもそ
も何をしていいのかわからない」「どんな流れで進むか
わからない」という声は意外と多い。ここでは就職活
動の一般的な流れや内容，対策について解説していく。

▶就職活動のスケジュール

3月	**4**月	**6**月

就職活動スタート

2025年卒の就活スケジュールは,経団連と政府を中心に議論され,2024年卒の採用選考スケジュールから概ね変更なしとされている。

エントリー受付・提出

OB・OG訪問

企業の説明会には積極的に参加しよう。独自の企業研究だけでは見えてこなかった新たな情報を得る機会であるとともに,モチベーションアップにもつながる。また,説明会に参加した者だけに配布する資料などもある。

合同企業説明会　**個別企業説明会**

筆記試験・面接試験等始まる（3月〜）

内々定（大手企業）

2月末までにやっておきたいこと

就職活動が本格化する前に,以下のことに取り組んでおこう。
　◎自己分析　◎インターンシップ　◎筆記試験対策
　◎業界研究・企業研究　◎学内就職ガイダンス
自分が本当にやりたいことはなにか,自分の能力を最大限に活かせる会社はどこか。自己分析と企業研究を重ね,それを文章などにして明確にしておき,面接時に最大限に活用できるようにしておこう。

7月　　　　8月　　　　10月

中小企業採用本格化

内定者の数が採用予定数に満た
ない企業，1年を通して採用を継
続している企業，夏休み以降に採
用活動を実施企業（後期採用）は
採用活動を継続して行っている。
大企業でも後期採用を行っている
こともあるので，企業から内定が
出ても，納得がいかなければ継続
して就職活動を行うこともある。

中小企業の採用が本格化するのは大手
企業より少し遅いこの時期から。HP
などで採用情報をつかむとともに，企
業研究も怠らないようにしよう。

内々定とは10月1日以前に通知（電話等）
されるもの。内定に関しては現在協定があり，
10月1日以降に文書等にて通知される。

内々定（中小企業）　　　内定式（10月〜）

どんな人物が求められる？

多くの企業は，常識やコミュニケーション能力があり，社会のできごと
に高い関心を持っている人物を求めている。これは「会社の一員とし
て将来の企業発展に寄与してくれるか」という視点に基づく，もっとも
普遍的な選考基準だ。もちろん，「自社の志望を真剣に考えているか」
「自社の製品，サービスにどれだけの関心を向けているか」という熱
意の部分も重要な要素になる。

就活ロールプレイ！

STEP 1 　就職活動のスタート

内定までの道のりは，大きく分けると以下のようになる。

01 まず自己分析からスタート

　就職活動とは，「企業に自分をPRすること」。自分自身の興味，価値観に加えて，強み・能力という要素が加わって，初めて企業側に「自分が働いたら，こういうポイントで貢献できる」と自分自身を売り込むことができるようになる。

■自分の来た道を振り返る

　自己分析をするための第一歩は，「振り返ってみる」こと。

　小学校，中学校など自分のいた"場"ごとに何をしたか（部活動など），何を学んだか，交友関係はどうだったか，興味のあったこと，覚えている印象的なことを書き出してみよう。

■テストを受けてみる

　"自分では気がついていない能力"を客観的に検査してもらうことで，自分に向いている職種が見えてくる。下記の5種類が代表的なものだ。

①職業適性検査　　②知能検査　　③性格検査

④職業興味検査　　⑤創造性検査

■**先輩や専門家に相談してみる**

　就職活動をするうえでは，"いかに他人に自分のことをわかってもらうか"が
重要なポイント。他者の視点で自分を分析してもらうことで，より客観的な視
点で自己PRができるようになる。

自己分析の流れ

❏過去の経験を書いてみる

❏現在の自己イメージを明確にする…行動，考え方，好きなものなど。

❏他人から見た自分を明確にする

❏将来の自分を明確にしてみる…どのような生活をおくっていたいか。期
　待，夢，願望。なりたい自分はどういうものか，掘り下げて考える。→
　自己分析結果を，志望動機につなげていく。

01 企業の絞り込み

　志望企業の絞り込みについての考え方は大きく分けて2つある。

　第1は，同一業種の中で1次候補，2次候補……と絞り込んでいく方法。

　第2は，業種を1次，2次，3次候補と変えながら，それぞれに2社程度ずつ絞り込んでいく方法。

　第1の方法では，志望する同一業種の中で，一流企業，中堅企業，中小企業，縁故などがある歯止めの会社……というふうに絞り込んでいく。

　第2の方法では，自分が最も望んでいる業種，将来好きになれそうな業種，発展性のある業種，安定性のある業種，現在好況な業種……というふうに区別して，それぞれに適当な会社を絞り込んでいく。

02 情報の収集場所

・キャリアセンター

・新聞

・インターネット

・企業情報

『就職四季報』（東洋経済新報社刊），『日経会社情報』（日本経済新聞社刊）などの企業情報。この種の資料は本来“株式市場”についての資料だが，その時期の景気動向を含めた情報を仕入れることができる。

・経済雑誌

『ダイヤモンド』（ダイヤモンド社刊）や『東洋経済』（東洋経済新報社刊），『エコノミスト』（毎日新聞出版刊）など。

・OB・OG／社会人

①成長力

まず"売上高"。次に資本力の問題や利益率などの比率。いくら資本金があっても，それを上回る膨大な借金を抱えていて，いくら稼いでも利払いに追われまくるようでは，成長できないし，安定できない。

成長力を見るには自己資本率を割り出してみる。自己資本を総資本で割って100を掛けると自己資本率がパーセントで出てくる。自己資本の比率が高いほうが成長力もあり安定度も高い。

利益率は純利益を売上高で割って100を掛ける。利益率が高ければ，企業はどんどん成長するし，社員の待遇も上昇する。利益率が低いということは，仕事がどんなに忙しくても利益にはつながらないということになる。

②技術力

技術力は，短期的な見方と長期的な展望が必要になってくる。研究部門が適切な規模か，大学など企業外の研究部門との連絡があるか，先端技術の分野で開発を続けているかどうかなど。

③経営者と経営形態

会社が将来，どのような発展をするか，または衰退するかは経営者の経営哲学，経営方針によるところが大きい。社長の経歴を知ることも必要。創始者の息子，孫といった親族が社長をしているのか，サラリーマン社長か，官庁などからの天下りかということも大切なチェックポイント。

④社風

社風というのは先輩社員から後輩社員に伝えられ，教えられるもの。社風もいろいろな面から必ずチェックしよう。

⑤安定性

企業が成長しているか，安定しているかということは車の両輪。どちらか片方の回転が遅くなっても企業はバランスを失う。安定し，しかも成長する。これが企業として最も理想とするところ。

⑥待遇

初任給だけを考えてみても，それが手取りなのか，基本給なのか。基本給というのはボーナスから退職金，定期昇給の金額にまで響いてくる。また，待遇というのは給与ばかりではなく，福利厚生施設でも大きな差が出てくる。

■そのほかの会社比較の基準

1. ゆとり度

休暇制度は，企業によって独自のものを設定しているところもある。「長期休暇制度」といったものなどの制定状況と，また実際に取得できているかどうかも調べたい。

2. 独身寮や住宅設備

最近では，社宅は廃止し，住宅手当を多く出すという流れもある。寮や社宅についての福利厚生は調べておく。

3. オフィス環境

会社に根づいた慣習や社員に対する考え方が，意外にオフィスの設備やレイアウトに表れている場合がある。

たとえば，個人の専有スペースの広さや区切り方，パソコンなどOA機器の設置状況，上司と部下の机の配置など，会社によってずいぶん違うもの。玄関ロビーや受付の様子を観察するだけでも，会社ごとのカラーや特徴がどこかに見えてくる。

4. 勤務地

転勤はイヤ，どうしても特定の地域で生活していきたい。そんな声に応えて，最近は流通業などを中心に，勤務地限定の雇用制度を取り入れる企業も増えている。

---

column　初任給では分からない本当の給与

会社の給与水準には「初任給」「平均給与」「平均ボーナス」「モデル給与」など，判断材料となるいくつかのデータがある。これらのデータからその会社の給料の優劣を判断するのは非常に難しい。

たとえば中小企業の中には，初任給が飛び抜けて高い会社がときどきある。しかしその後の昇給率は大きくないのがほとんど。

一方，大手企業の初任給は業種間や企業間の差が小さく，ほとんど横並びと言っていい。そこで，「平均給与」や「平均ボーナス」などで将来の予測をするわけだが，これは一応の目安とはなるが，個人差があるので正確とは言えない。

04 就職ノートの作成

■決定版「就職ノート」はこう作る

1冊にすべて書き込みたいという人には，ルーズリーフ形式のノートがお勧め。会社研究，スケジュール，時事用語，OB／OG訪問，切り抜きなどの項目を作りインデックスをつける。

カレンダー，説明会，試験などのスケジュール表を貼り，とくに会社別の説明会，面談，書類提出，試験の日程がひと目で分かる表なども作っておく。そして見開き2ページで1社を載せ，左ページに企業研究，右ページには志望理由，自己PRなどを整理する。

就職ノートの主なチェック項目

❏企業研究…資本金，業務内容，従業員数など基礎的な会社概要から，過去の採用状況，業務報告などのデータ

❏採用試験メモ…日程，条件，提出書類，採用方法，試験の傾向など

❏店舗・営業所見学メモ…流通関係，銀行などの場合は，客として訪問し，商品（値段，使用価値，ユーザーへの配慮），店員（接客態度，商品知識，熱意，親切度），店舗（ショーケース，陳列の工夫，店内の清潔さ）などの面をチェック

❏OB／OG訪問メモ…OB／OGの名前，連絡先，訪問日時，面談場所，質疑応答のポイント，印象など

❏会社訪問メモ…連絡先，人事担当者名，会社までの交通機関，最寄り駅からの地図，訪問のときに得た情報や印象，訪問にいたるまでの経過も記入

　「OB／OG訪問」は，実際は採用予備選考開始。まず，OB／OG訪問を希望したら，大学のキャリアセンター，教授などの紹介で，志望企業に勤める先輩の手がかりをつかむ。もちろん直接電話なり手紙で，自分の意向を会社側に伝えてもいい。自分の在籍大学，学部をはっきり言って，「先輩を紹介していただけないでしょうか」と依頼しよう。

参考

OB／OG訪問時の質問リスト例

●採用について
- ・成績と面接の比重
- ・採用までのプロセス（日程）
- ・面接は何回あるか
- ・面接で質問される事項　etc.
- ・評価のポイント
- ・筆記試験の傾向と対策
- ・コネの効力はどうか

●仕事について
- ・内容（入社10年,20年のOB/OG）
- ・希望職種につけるのか
- ・残業，休日出勤，出張など
- ・新入社員の仕事
- ・やりがいはどうか
- ・同業他社と比較してどうか　etc.

●社風について
- ・社内のムード
- ・仕事のさせ方　etc.
- ・上司や同僚との関係

●待遇について
- ・給与について
- ・昇進のスピード
- ・福利厚生の状態
- ・離職率について　etc.

インターンシップとは，学生向けに企業が用意している「就業体験」プログラム。ここで学生はさまざまな企業の実態をより深く知ることができ，その後の就職活動において自己分析，業界研究，職種選びなどに活かすことができる。また企業側にとっても有能な学生を発掘できるというメリットがあるため，導入する企業は増えている。

インターンシップ参加が採用につながっているケースもあるため，たくさん参加してみよう。

---

column コネを利用するのも１つの手段？

コネを活用できるのは，以下のような場合である。

・企業と大学に何らかの「連絡」がある場合

　　企業の新卒採用の場合，特定校・指定校が決められていることもある。企業側が過去の実績などに基づいて決めており，大学の力が大きくものをいう。

　　とくに理工系では，指導教授や研究室と企業との連絡が密接な場合が多く，教授の推薦が有利であることは言うまでもない。同じ大学出身の先輩とのコネも，この部類に区分できる。

・志望企業と「関係」ある人と関係がある場合

　　一般的に言えば，志望企業の取り引き先関係からの紹介というのが一番多い。ただし，年間億単位の実績が必要で，しかも部長・役員以上につながっていなければコネがあるとは言えない。

・志望企業と何らかの「親しい関係」がある場合

　　志望企業に勤務したりアルバイトをしていたことがあるという場合。インターンシップもここに分類される。職場にも馴染みがあり人間関係もできているので，就職に際してきわめて有利。

・志望会社に関係する人と「縁故」がある場合

　　縁故を「血縁関係」とした場合，日本企業ではこのコネはかなり有効なところもある。ただし，血縁者が同じ会社にいるというのは不都合なことも多いので，どの企業も慎重。

07 会社説明会のチェックポイント

1. 受付の様子

　受付事務がテキパキとしていて，分かりやすいかどうか。社員の態度が親切で誠意が伝わってくるかどうか。

　こういった受付の様子からでも，その会社の社員教育の程度や，新入社員採用に対する熱意とか期待を推し測ることができる。

2. 控え室の様子

　控え室が2カ所以上あって，国立大学と私立大学の訪問者とが，別々に案内されているようなことはないか。また，面談の順番を意図的に変えているようなことはないか。これはよくある例で，すでに大半は内定しているということを意味する場合が多い。

3. 社内の雰囲気

　社員の話し方，その内容を耳にはさむだけでも，社風が伝わってくる。

4. 面談の様子

　何時間も待たせたあげくに，きわめて事務的に，しかも投げやりな質問しかしないような採用担当者である場合，この会社は人事が適正に行われていないということだから，一考したほうがよい。

参考 ▶ **説明会での質問項目**

・質問内容が抽象的でなく，具体性のあるものかどうか。

・質問内容は，現在の社会・経済・政治などの情況を踏まえた，
　大学生らしい高度で専門性のあるものか。

・質問をするのはいいが，「それでは，あなたの意見はどうか」と
　逆に聞かれたとき，自分なりの見解が述べられるものであるか。

提出する書類は6種類。①〜③が大学に申請する書類，④〜⑥が自分で書く書類だ。大学に申請する書類は一度に何枚も入手しておこう。

① 「卒業見込証明書」
② 「成績証明書」
③ 「健康診断書」
④ 「履歴書」
⑤ 「エントリーシート」
⑥ 「会社説明会アンケート」

■自分で書く書類は「自己PR」

第1次面接に進めるか否かは「自分で書く書類」の出来にかかっている。「履歴書」と「エントリーシート」は会社説明会に行く前に準備しておくもの。「会社説明会アンケート」は説明会の際に書き，その場で提出する書類だ。

01 履歴書とエントリーシートの違い

Webエントリーを受け付けている企業に資料請求をすると，資料と一緒に「エントリーシート」が送られてくるので，応募サイトのフォームやメールでエントリーシートを送付する。Webエントリーを行っていない企業には，ハガキやメールで資料請求をする必要があるが，「エントリーシート」は履歴書とは異なり，企業が設定した設問に対して回答するもの。すなわちこれが「1次試験」であり，これにパスをした人だけが会社説明会に呼ばれる。

■字はていねいに

字を書くところから，その企業に対する"本気度"は測られている。

■誤字，脱字は厳禁

使用するのは，黒のインク。

■修正液使用は不可

■数字は算用数字

■自分の広告を作るつもりで書く

自分はこういう人間であり，何がしたいかということを簡潔に書く。メリットになることだけで良い。自分に損になるようなことを書く必要はない。

■「やる気」を示す具体的なエピソードを

「私はやる気があります」「私は根気があります」という抽象的な表現だけではNG。それを示すエピソードのようなものを書かなくては意味がない。

Point

> 自己紹介欄の項目はすべて「自己PR」。自分はこういう人間であることを印象づけ，それがさらに企業への「志望動機」につながっていくような書き方をする。

column 履歴書やエントリーシートは，共通でもいい？

「履歴書」や「エントリーシート」は企業によって書き分ける。業種はもちろん，同じ業界の企業であっても求めている人材が違うからだ。各書類は提出前にコピーを取り，さらに出した企業名を忘れずに書いておくことも大切だ。

写真	スナップ写真は不可。 スーツ着用で，胸から上の物を使用する。ポイントは「清潔感」。 氏名・大学名を裏書きしておく。
日付	郵送の場合は投函する日，持参する場合は持参日の日付を記入する。
生年月日	西暦は避ける。元号を省略せずに記入する。
氏名	戸籍上の漢字を使う。印鑑押印欄があれば忘れずに押す。
住所	フリガナ欄がカタカナであればカタカナで，平仮名であれば平仮名で記載する。
学歴	最初の行の中央部に「学□□歴」と2文字程度間隔を空けて，中学校卒業から大学（卒業・卒業見込み）まで記入する。 中途退学の場合は，理由を簡潔に記載する。留年は記入する必要はない。 職歴がなければ，最終学歴の一段下の行の右隅に，「以上」と記載する。
職歴	最終学歴の一段下の行の中央部に「職□□歴」と2文字程度間隔を空け記入する。 「株式会社」や「有限会社」など，所属部門を省略しないで記入する。 「同上」や「〃」で省略しない。 最終職歴の一段下の行の右隅に，「以上」と記載する。
資格・免許	4級以下は記載しない。学習中のものも記載して良い。 「普通自動車第一種運転免許」など，省略せずに記載する。
趣味・特技	具体的に（例：読書でもジャンルや好きな作家を）記入する。
志望理由	その企業の強みや良い所を見つけ出したうえで，「自分の得意な事」がどう活かせるかなどを考えぬいたものを記入する。
自己PR	応募企業の事業内容や職種にリンクするような，自分の経験やスキルなどを記入する。
本人希望欄	面接の連絡方法，希望職種・勤務地などを記入する。「特になし」や空白はNG。
家族構成	最初に世帯主を書き，次に配偶者，それから家族を祖父母，兄弟姉妹の順に。続柄は，本人から見た間柄。兄嫁は，義姉と書く。
健康状態	「良好」が一般的。

01 エントリーシートの目的

・応募者を，決められた採用予定者数に絞り込むこと

・面接時の資料にする

の2つ。

■知りたいのは職務遂行能力

採用担当者が学生を見る場合は，「こいつは与えられた仕事をこなせるかどう
か」という目で見ている。企業に必要とされているのは仕事をする能力なのだ。

─Point─
質問に忠実に，"自分がいかにその会社の求める人材に当てはまるか"を
丁寧に答えること。

02 効果的なエントリーシートの書き方

■情報を伝える書き方

課題をよく理解していることを相手に伝えるような気持ちで書く。

■文章力

大切なのは全体のバランスが取れているか。書く前に，何をどれくらいの字
数で収めるか計算しておく。

「起承転結」でいえば，「起」は，文章を起こす導入部分。「承」は，起を受け
て，その提起した問題に対して承認を求める部分。「転」は，自説を展開する
部分。もっともオリジナリティが要求される。「結」は，最後の締めの結論部分。
文章の構成・まとめる力で，総合的な能力が高いことをアピールする。

参考 ▶ エントリーシートでよく取り上げられる題材と，その出題意図

エントリーシートで求められるものは，「自己PR」「志望動機」「将来どうなりたいか（目指すこと）」の3つに大別される。

1.「自己PR」

自己分析にしたがって作成していく。重要なのは，「なぜそうしようと思ったか？」「○○をした結果，何が変わったのか？何を得たのか？」という"連続性"が分かるかどうかがポイント。

2.「志望動機」

自己PRと一貫性を保ち，業界志望理由と企業志望理由を差別化して表現するように心がける。志望する業界の強みと弱み，志望企業の強みと弱みの把握は基本。

3.「将来の展望」

どんな社員を目指すのか，仕事へはどう臨もうと思っているか，目標は何か，などが問われる。仕事内容を事前に把握しておくだけでなく，5年後の自分，10年後の自分など，具体的な将来像を描いておくことが大切。

表現力，理解力のチェックポイント

❏文法，語法が正しいかどうか
❏論旨が論理的で一貫しているかどうか
❏1センテンスが簡潔かどうか
❏表現が統一されているかどうか（「です，ます」調か「だ，である」調か）

面接試験の進みかた

01 個人面接

●自由面接法

面接官と受験者のキャラクターやその場の雰囲気，質問と応答の進行具合などによって雑談形式で自由に進められる。

●標準面接法

自由面接法とは逆に，質問内容や評価の基準などがあらかじめ決まっている。実際には自由面接法と併用で，おおまかな質問事項や判定基準，評価ポイントを決めておき，質疑応答の内容上の制限を緩和しておくスタイルが一般的。1次面接などでは標準面接法をとり，2次以降で自由面接法をとる企業も多い。

●非指示面接法

受験者に自由に発言してもらい，面接官は話題を引き出したりするときなど，最小限の質問をするという方法。

●圧迫面接法

わざと受験者の精神状態を緊張させ，受験者がどのような応答をするかを観察し，判定する。受験者は，冷静に対応することが肝心。

02 集団面接

面接の方法は個人面接と大差ないが，面接官がひとつの質問をして，受験者が順にそれに答えるという方法と，面接官が司会役になって，座談会のような形式で進める方法とがある。

座談会のようなスタイルでの面接は，なるべく受験者全員が関心をもっているような話題を取りあげ，意見を述べさせるという方法。この際，司会役以外の面接官は一言も発言せず，判定・評価に専念する。

03 グループディスカッション

　グループディスカッション（以下，GD）の時間は30～60分程度，1グループの人数は5～10人程度で，司会は面接官が行う場合や，時間を決めて学生が交替で行うことが多い。面接官は内容については特に指示することはなく，受験者がどのようにGDを進めるかを観察する。

　評価のポイントは，全体的には理解力，表現力，指導性，積極性，協調性など，個別的には性格，知識，適性などが観察される。

　GDの特色は，集団の中での個人ということで，受験者の能力がどの程度のものであるか，また，どのようなことに向いているかを判定できること。受験者は，グループの中における自分の位置を面接官に印象づけることが大切だ。

グループディスカッション方式の面接におけるチェックポイント

❏全体の中で適切な論点を提供できているかどうか。
❏問題解決に役立つ知識を持っているか，また提供できているかどうか。
❏もつれた議論を解きほぐし，的はずれの議論を元に引き戻す努力をしているかどうか。
❏グループ全体としての目標をいつも考えているかどうか。
❏感情的な対立や攻撃をしかけているようなことはないか。
❏他人の意見に耳を傾け，よい意見には賛意を表し，それを全体に推し広げようという寛大さがあるかどうか。
❏議論の流れを自然にリードするような主導性を持っているかどうか。
❏提出した意見が議論の進行に大きな影響を与えているかどうか。

04 面接時の注意点

●控え室

　控え室には，指定された時間の15分前には入室しよう。そこで担当の係から，面接に際しての注意点や手順の説明が行われるので，疑問点は積極的に聞くようにし，心おきなく面接にのぞめるようにしておこう。会社によっては，所定のカードに必要事項を書き込ませたり，お互いに自己紹介をさせたりする場合もある。また，この控え室での行動も細かくチェックして，合否の資料にしている会社もある。

●入室・面接開始

　係員がドアの開閉をしてくれる場合もあるが，それ以外は軽くノックして入室し，必ずドアを閉める。そして入口近くで軽く一礼し，面接官か補助員の「どうぞ」という指示で正面の席に進み，ここで再び一礼をする。そして，学校名と氏名を名のって静かに着席する。着席時は，軽く椅子にかけるようにする。

●面接終了と退室

　面接の終了が告げられたら，椅子から立ち上がって一礼し，椅子をもとに戻して，面接官または係員の指示を受けて退室する。

　その際も，ドアの前で面接官のほうを向いて頭を下げ，静かにドアを開閉する。控え室に戻ったら，係員の指示を受けて退社する。

05 面接試験の評定基準

●協調性

　企業という「集団」では，他人との協調性が特に重視される。

　感情や態度が円満で調和がとれていること，極端に好悪の情が激しくなく，物事の見方や考え方が穏健で中立であることなど，職場での人間関係を円滑に進めていくことのできる人物かどうかが評価される。

●話し方

　外観印象的には，言語の明瞭さや応答の態度そのものがチェックされる。小さな声で自信のない発言，乱暴野卑な発言は減点になる。

　考えをまとめたら，言葉を選んで話すくらいの余裕をもって，真剣に応答しようとする姿勢が重視される。軽率な応答をしたり，まして発言に矛盾を指摘されるような事態は極力避け，もしそのような状況になりそうなときは，自分の非を認めてはっきりと謝るような態度を示すべき。

●好感度

　実社会においては，外観による第一印象が，人間関係や取引に大きく影響を及ぼす。

　「フレッシュな爽やかさ」に加え，入社志望など，自分の意思や希望をより明確にすることで，強い信念に裏づけられた姿勢をアピールできるよう努力したい。

●判断力

何を質問されているのか，何を答えようとしているのか，常に冷静に判断していく必要がある。

●**表現力**

話に筋道が通り理路整然としているか，言いたいことが簡潔に言えるか，話し方に抑揚があり聞く者に感銘を与えるか，用語が適切でボキャブラリーが豊富かどうか。

●**積極性**

活動意欲があり，研究心旺盛であること，進んで物事に取り組み，創造的に解決しようとする意欲が感じられること，話し方にファイトや情熱が感じられること，など。

●**計画性**

見通しをもって順序よく合理的に仕事をする性格かどうか，またその能力の有無。企業の将来性のなかに，自分の将来をどうかみ合わせていこうとしているか，現在の自分を出発点として，何を考え，どんな仕事をしたいのか。

●**安定性**

情緒の安定は，社会生活に欠くことのできない要素。自分自身をよく知っているか，他の人に流されない信念をもっているか。

●**誠実性**

自分に対して忠実であろうとしているか，物事に対してどれだけ誠実な考え方をしているか。

●**社会性**

企業は集団活動なので，自分の考えに固執したり，不平不満が多い性格は向かない。柔軟で適応性があるかどうか。

清潔感や明朗さ，若々しさといった外観面も重視される。

06 面接試験の質問内容

1. 志望動機

受験先の概要や事業内容はしっかりと頭の中に入れておく。また，その企業の企業活動の社会的意義と，自分自身の志望動機との関連を明確にしておく。「安定している」「知名度がある」「将来性がある」といった利己的な動機，「自

分の性格に合っている」というような，あいまいな動機では説得力がない。安定性や将来性は，具体的にどのような企業努力によって支えられているのかという考察も必要だし，それに対する受験者自身の評価や共感なども問われる。

①どうしてその業種なのか

②どうしてその企業なのか

③どうしてその職種なのか

以上の①～③と，自分の性格や資質，専門などとの関連性を説明できるようにしておく。

自分がどうしてその会社を選んだのか，どこに大きな魅力を感じたのかを，できるだけ具体的に，情熱をもって語ることが重要。自分の長所と仕事の適性を結びつけてアピールし，仕事のやりがいや仕事に対する興味を述べるのもよい。

■複数の企業を受験していることは言ってもいい？

同じ職種，同じ業種で何社かかけもちしている場合，正直に答えてもかまわない。しかし，「第一志望はどこですか」というような質問に対して，正直に答えるべきかどうかというと，やはりこれは疑問がある。どんな会社でも，他社を第一志望にあげられれば，やはり愉快には思わない。

また，職種や業種の異なる会社をいくつか受験する場合も同様で，極端に性格の違う会社をあげれば，その矛盾を突かれるのは必至だ。

2. 仕事に対する意識・職業観

採用試験の段階では，次年度の配属予定が具体的に固まっていない会社もかなりある。具体的に職種や部署などを細分化して募集している場合は別だが，そうでない場合は，希望職種をあまり狭く限定しないほうが賢明。どの業界においても，採用後，新入社員には，研修としてその会社の各セクションをひと通り経験させる企業は珍しくない。そのうえで，具体的な配属計画を検討するのだ。

大切なことは，就職や職業というものを，自分自身の生き方の中にどう位置づけるか，また，自分の生活の中で仕事とはどういう役割を果たすのかを考えてみること。つまり自分の能力を活かしたい，社会に貢献したい，自分の存在価値を社会的に実現してみたい，ある分野で何か自分の力を試してみたい……，などの場合を考え，それを自分自身の人生観，志望職種や業種などとの関係を考えて組み立ててみる。自分の人生観をもとに，それを自分の言葉で表現できるようにすることが大切。

3. 自己紹介・自己PR

性格そのものを簡単に変えたり，欠点を克服したりすることは実際には難しいが，"仕方がない"という姿勢を見せることは禁物で，どんなささいなことでも，努力している面をアピールする。また一般的にいって，専門職を除けば，就職時になんらかの資格や技能を要求する企業は少ない。

　ただ，資格をもっていれば採用に有利とは限らないが，専門性を要する業種では考慮の対象とされるものもある。たとえば英検，簿記など。

　企業が学生に要求しているのは，4年間の勉学を重ねた学生が，どのように仕事に有用であるかということで，学生の知識や学問そのものを聞くのが目的ではない。あくまで，社会人予備軍としての謙虚さと素直さを失わないようにする。

　知識や学力よりも，その人の人間性，ビジネスマンとしての可能性を重視するからこそ，面接担当者は，学生生活全般について尋ねることで，書類だけでは分からない人間性を探ろうとする。

　何かうち込んだものや思い出に残る経験などは，その人の人間的な成長になんらかの作用を及ぼしているものだ。どんな経験であっても，そこから受けた印象や教訓などは，明確に答えられるようにしておきたい。

4. 一般常識・時事問題

　一般常識・時事問題については筆記試験の分野に属するが，面接でこうしたテーマがもち出されることも珍しくない。受験者がどれだけ社会問題に関心をもっているか，一般常識をもっているか，また物事の見方・考え方に偏りがないかなどを判定する。知識や教養だけではなく，一問一答の応答を通じて，その人の性格や適応能力まで判断されることになる。

07 面接に向けての事前準備

■面接試験1カ月前までには万全の準備をととのえる

●志望会社・職種の研究

　新聞の経済欄や経済雑誌などのほか，会社年鑑，株式情報など書物による研究をしたり，インターネットにあがっている企業情報や，検索によりさまざまな角度から調べる。すでにその会社へ就職している先輩や知人に会って知識を得たり，大学のキャリアセンターへ情報を求めるなどして総合的に判断する。

■専攻科目の知識・卒論のテーマなどの整理

大学時代にどれだけ勉強してきたか，専攻科目や卒論のテーマなどを整理しておく。

■**時事問題に対する準備**

毎日欠かさず新聞を読む。志望する企業の話題は，就職ノートに整理するなどもアリ。

面接当日の必需品

❏必要書類（履歴書，卒業見込証明書，成績証明書，健康診断書，推薦状）

❏学生証

❏就職ノート（志望企業ファイル）

❏印鑑，朱肉

❏筆記用具（万年筆，ボールペン，サインペン，シャープペンなど）

❏手帳，ノート

❏地図（訪問先までの交通機関などをチェックしておく）

❏現金（小銭も用意しておく）

❏腕時計（オーソドックスなデザインのもの）

❏ハンカチ，ティッシュペーパー

❏くし，鏡（女性は化粧品セット）

❏シューズクリーナー

❏ストッキング

❏折りたたみ傘（天気予報をチェックしておく）

❏携帯電話，充電器

理論編 STEP6 筆記試験の種類

■一般常識試験

社会人として企業活動を行ううえで最低限必要となる一般常識のほか，
英語，国語，社会(時事問題)，数学などの知識の程度を確認するもの。

　難易度はおおむね中学・高校の教科書レベル。一般常識の問題集を1冊やっ
ておけばよいが，業界によっては専門分野が出題されることもあるため，必ず
志望する企業のこれまでの試験内容は調べておく。

■一般常識試験の対策

・英語　慣れておくためにも，教科書を復習する，英字新聞を読むなど。

・国語　漢字，四字熟語，反対語，同音異義語，ことわざをチェック。

・時事問題　新聞や雑誌，テレビ，ネットニュースなどアンテナを張っておく。

■適性検査

　SPI（Synthetic Personality Inventory）試験（SPI3試験）とも呼ばれ，能力
テストと性格テストを合わせたもの。

　能力テストでは国語能力を測る「言語問題」と，数学能力を測る「非言語問題」
がある。言語的能力，知覚能力，数的能力のほか，思考・推理能力，記憶力，
注意力などの問題で構成されている。

　性格テストは「はい」か「いいえ」で答えていく。仕事上の適性と性格の傾向
などが一致しているかどうかをみる。

SPIは職務への適応性を客観的にみるためのもの。

01 「論文」と「作文」

　一般に「論文」はあるテーマについて自分の意見を述べ，その論証をする文章で，必ず意見の主張とその論証という2つの部分で構成される。問題提起と論旨の展開，そして結論を書く。

　「作文」は，一般的には感想文に近いテーマ，たとえば「私の興味」「将来の夢」といったものがある。

　就職試験では「論文」と「作文」を合わせた"論作文"とでもいうようなものが出題されることが多い。

　論作文試験とは，「文章による面接」。テーマに書き手がどういう態度を持っているかを知ることが，出題の主な目的だ。受験者の知識・教養・人生観・社会観・職業観，そして将来への希望などが，どのような思考を経て，どう表現されているかによって，企業にとって，必要な人物かどうかを判断している。

　論作文の場合には，書き手の社会的意識や考え方に加え，「感銘を与える」働きが要求される。就職活動とは，企業に対し「自分をアピールすること」だということを常に念頭に置いておきたい。

Point

論文と作文の違い

	論　文	作　文
テーマ	学術的・社会的・国際的なテーマ。時事，経済問題など	個人的・主観的なテーマ。人生観，職業観など
表現	自分の意見や主張を明確に述べる。	自分の感想を述べる。
展開	四段型（起承転結）の展開が多い。	三段型（はじめに・本文・結び）の展開が多い。
文体	「だ調・である調」のスタイルが多い。	「です調・ます調」のスタイルが多い。

・テーマ

与えられた課題（テーマ）を，受験者はどのように理解しているか。

出題されたテーマの意義をよく考え，それに対する自分の意見や感情が，十分に整理されているかどうか。

・表現力

課題について本人が感じたり，考えたりしたことを，文章で的確に表しているか。

・字・用語・その他

かなづかいや送りがなが合っているか，文中で引用されている格言やことわざの類が使用法を間違えていないか，さらに誤字・脱字に至るまで，文章の基本的な力が受験者の人柄ともからんで厳密に判定される。

・オリジナリティ

魅力がある文章とは，オリジナリティを率直に出すこと。自分の感情や意見を，自分の言葉で表現する。

・生活態度

文章は，書き手の人格や人柄を映し出す。平素の社会的関心や他人との協調性，趣味や読書傾向はどうであるかといった，受験者の日常における生き方，生活態度がみられる。

・字の上手・下手

できるだけ読みやすい字を書く努力をする。また，制限字数より文章が長くなって原稿用紙の上下や左右の空欄に書き足したりすることは避ける。消しゴムで消す場合にも，丁寧に。

いずれの場合でも，表面的な文章力を問うているのではなく，受験者の人柄のほうを重視している。

マナーチェックリスト

就活において企業の人事担当は，面接試験やOG／OB訪問，そして面接試験において，あなたのマナーや言葉遣いといった，「常識力」をチェックしている。現在の自分はどのくらい「常識力」が身についているかをチェックリストで振りかえり，何ができて，何ができていないかを明確にしたうえで，今後の取り組みに生かしていこう。

評価基準　5：大変良い　4：やや良い　3：どちらともいえない　2：やや悪い　1：悪い

	項　目	評　価	メ　モ
挨拶	明るい笑顔と声で挨拶をしているか		
	相手を見て挨拶をしているか		
	相手より先に挨拶をしているか		
	お辞儀を伴った挨拶をしているか		
	直接の応対者でなくても挨拶をしているか		
表情	笑顔で応対しているか		
	表情に私的感情がでていないか		
	話しかけやすい表情をしているか		
	相手の話は真剣な顔で聞いているか		
身だしなみ	前髪は目にかかっていないか		
	髪型は乱れていないか／長い髪はまとめているか		
	髭の剃り残しはないか／化粧は健康的か		
	服は汚れていないか／清潔に手入れされているか		
	機能的で職業・立場に相応しい服装をしているか		
	華美なアクセサリーはつけていないか		
	爪は伸びていないか		
	靴下の色は適当か／ストッキングの色は自然な肌色か		
	靴の手入れは行き届いているか		
	ポケットに物を詰めすぎていないか		

項　目	評　価	メ　モ
言葉遣い — 専門用語を使わず，相手にわかる言葉で話しているか		
言葉遣い — 状況や相手に相応しい敬語を正しく使っているか		
言葉遣い — 相手の聞き取りやすい音量・速度で話しているか		
言葉遣い — 語尾まで丁寧に話しているか		
言葉遣い — 気になる言葉癖はないか		
動作 — 物の授受は両手で丁寧に実施しているか		
動作 — 案内・指し示し動作は適切か		
動作 — キビキビとした動作を心がけているか		
心構え — 勤務時間・指定時間の5分前には準備が完了しているか		
心構え — 心身ともに健康管理をしているか		
心構え — 仕事とプライベートの切替えができているか		

☑ 常に自己点検をするクセをつけよう

「人を表情やしぐさ，身だしなみなどの見かけで判断してはいけない」と一般にいわれている。確かに，人の個性は見かけだけではなく，内面においても見いだされるもの。しかし，私たちは人を第一印象である程度決めてしまう傾向がある。それが面接試験など初対面の場合であればなおさらだ。したがって，チェックリストにあるような挨拶，表情，身だしなみ等に注意して面接試験に臨むことはとても重要だ。ただ，これらは面接試験前にちょっと対策したからといって身につくようなものではない。付け焼き刃的な対策をして面接試験に臨んでも，面接官はあっという間に見抜いてしまう。日頃からチェックリストにあるような項目を意識しながら行動することが大事であり，そうすることで，最初はぎこちない挨拶や表情等も，その人の個性に応じたすばらしい所作へ変わっていくことができるのだ。さっそく，本日から実行してみよう。

面接試験において，印象を決定づける表情はとても大事。
どのようにすれば感じのいい表情ができるのか，ポイントを確認していこう。

明るく,温和で
柔らかな表情をつくろう

人間関係の潤滑油

表情に関しては，まずは豊かである
ということがベースになってくる。う
れしい表情，困った表情，驚いた表
情など，さまざまな気持ちを表現で
きるということが，人間関係を潤いの
あるものにしていく。

Point

　表情はコミュニケーションの大前提。相手に「いつでも話しかけてくださ
いね」という無言の言葉を発しているのが，就活に求められる表情だ。面接
官が安心してコミュニケーションをとろうと思ってくれる表情。それが，明
るく，温和で柔らかな表情となる。

いますぐデキる

カンタンTraining

Training 01

喜怒哀楽を表してみよう

・人との出会いを楽しいと思うことが表情の基本
・表情を豊かにする大前提は相手の気持ちに寄り添うこと
・目元・口元だけでなく，眉の動きを意識することが大事

Training 02

表情筋のストレッチをしよう

・表情筋は「ウイスキー」の発音によって鍛える
・意識して毎日，取り組んでみよう
・笑顔の共有によって相手との距離が縮まっていく

コミュニケーションは挨拶から始まり，その挨拶ひとつで印象は変わるもの。
ポイントを確認していこう。

丁寧にしっかりと
はっきり挨拶をしよう

人間関係の第一歩

挨拶は心を開いて，相手に近づくコミュニケーションの第一歩。たかが挨拶，されど挨拶の重要性をわきまえて，きちんとした挨拶をしよう。形，つまり"技"も大事だが，心をこめることが最も重要だ。

Point

挨拶はコミュニケーションの第一歩。相手が挨拶するのを待っているのは望ましくない。挨拶の際のポイントは丁寧であることと，はっきり声に出すことの2つ。丁寧な挨拶は，相手を大事にして迎えている気持ちの表れとなる。はっきり声に出すことで，これもきちんと相手を迎えていることが伝わる。また，相手もその応答として挨拶してくれることで，会ってすぐに双方向のコミュニケーションが成立する。

いますぐデキる
カンタンTraining

Training 01

３つのお辞儀をマスターしよう

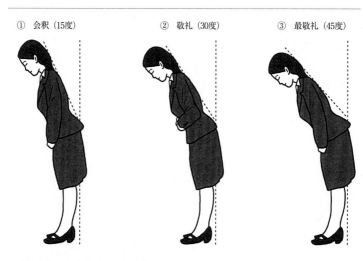

① 会釈（15度）　　② 敬礼（30度）　　③ 最敬礼（45度）

・息を吸うことを意識してお辞儀をするとキレイな姿勢に
・目線は真下ではなく，床前方1.5m先ぐらいを見よう
・相手への敬意を忘れずに

Training 02

対面時は言葉が先，お辞儀が後

・相手に体を向けて先に自ら挨拶をする
・挨拶時，相手とアイコンタクトを
　しっかり取ろう
・挨拶の後に，お辞儀をする。
　これを「語先後礼」という

コミュニケーションは「話す」よりも「聞く」ことといわれる。相手が話しやすい聞き方の，ポイントを確認しよう。

受容の立場で
傾聴しよう

相手の話を受けとめる

話を聞くときは，やや前に傾く姿勢をとる。表情と姿勢が合わさることにより，話し手の心が開き「あれも，これも話そう」という気持ちになっていく。また，「はい」と一度のお辞儀で頷くと相手の話を受け止めているというメッセージにつながる。

Point

　話をすること，話を聞いてもらうことは誰にとってもプレッシャーを伴うもの。そのため，「何でも話して良いんですよ」「何でも話を聞きますよ」「心配しなくて良いんですよ」という気持ちで聞くことが大切になる。その気持ちが聞く姿勢に表れれば，相手は安心して話してくれる。

いますぐデキる
カンタンTraining

Training 01
頷きは一度で

- ・相手が話した後に「はい」と 一言発する
- ・頷きすぎは逆効果

Training 02
目線は自然に

- ・鼻の付け根あたりを見ると 自然な印象に
- ・目を見つめすぎるのはNG

Training 03
話の句読点で視線を移す

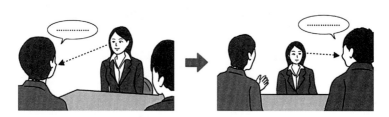

- ・視線は話している人を見ることが基本
- ・複数の人の話を聞くときは句読点を意識し, 視線を振り分けることで聞く姿勢を表す

自分の意思を相手に明確に伝えるためには，話し方が重要となる。はっきりと的確に話すためのポイントを確認しよう。

明るい発声を
心がけよう

ボリュームを意識して

話すときのポイントとしては，ボリュームを意識することが挙げられる。会議室の一番奥にいる人に声が届くように意識することで，声のボリュームはコントロールされていく。

Point

　コミュニケーションとは「伝達」すること。どのようなことも，適当に伝えるのではなく，伝えるべきことがきちんと相手に届くことが大切になる。そのためには，はっきりと，分かりやすく，丁寧に，心を込めて話すこと。言葉だけでなく，表情やジェスチャーを加えることも有効。

いますぐデキる
カンタンTraining

Training **01**
腹式呼吸で発声練習

- 「あえいうえおあお」と発声する
- 腹式呼吸は，胸部をなるべく動かさずに，息を吸うときにお腹や腰が膨らむよう意識する呼吸法

Training **02**
早口言葉にチャレンジ

> おあやや
> 母親に
> お謝り

- 「おあやや，母親に，お謝り」と早口で
- 口がすぼまった「お」と口が開いた「あ」の発音に，変化をつけられるかがポイント

Training **03**
ジェスチャーを有効活用

- 腰より上でジェスチャーをする
- 体から離した位置に手をもっていく
- ジェスチャーをしたら戻すところをさだめておく

身だしなみはその人自身を表すもの。身だしなみの基本について，ポイントを確認しよう。

清潔感,さわやかさを醸し出せるようにしよう

プロの企業人にふさわしい身だしなみを

信頼感，安心感をもたれる身だしなみを考えよう。TPOに合わせた服装は，すなわち"礼"を表している。そして，身だしなみには，「清潔感」,「品のよさ」,「控え目である」という，3つのポイントがある。

Point

相手との心理的な距離や物理的な距離が遠ければ，コミュニケーションは成立しにくくなる。見た目が不潔では誰も近付いてこない。身だしなみが清潔であること，爽やかであることは相手との距離を縮めることにも繋がる。

いますぐデキる
カンタンTraining

Training 01

髪型，服装を整えよう

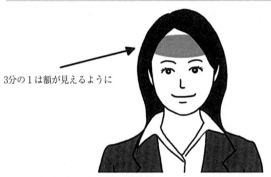

3分の1は額が見えるように

- 男性も女性も眉が見える髪型が望ましい。3分の1は額が見えるように。額は知性と清潔感を伝える場所。男性の髪の長さは耳や襟にかからないように
- スーツで相手の前に立つときは，ボタンはすべて留める。男性の場合は下のボタンは外す

Training 02

おしゃれとの違いを明確に

- 爪はできるだけ切りそろえる
- 爪の中の汚れにも注意
- ジェルネイル，ネイルアートはNG

Training 03

足元にも気を配って

- 女性の場合はパンプス，男性の場合は黒の紐靴が望ましい
- 靴はこまめに汚れを落とし見栄えよく

姿勢にはその人の意欲が反映される。前向き，活動的な姿勢を表すにはどうしたらよいか，ポイントを確認しよう。

前向き,活動的な姿勢を維持しよう

一直線と左右対称

正しい立ち姿として，耳，肩，腰，くるぶしを結んだ線が一直線に並んでいることが最大のポイントになる。そのラインが直線に近づくほど立ち姿がキレイに整っていることになる。また，"左右対称"というのもキレイな姿勢の要素のひとつになる。

Point

　姿勢は，身体と心の状態を反映するもの。そのため，良い姿勢でいることは，印象が清々しいだけでなく，健康で元気そうに見え，話しかけやすさにも繋がる。歩く姿勢，立つ姿勢，座る姿勢など，どの場面にも心身の健康状態が表れるもの。日頃から心身の健康状態に気を配り，フィジカルとメンタル両面の自己管理を心がけよう。

いますぐデキる
カンタンTraining

Training **01**

キレイな歩き方を心がけよう

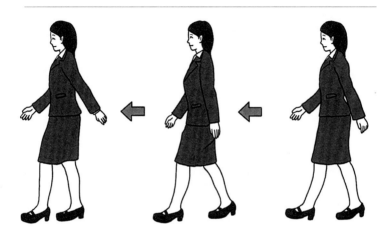

・女性は1本の線上を，男性はそれよりも太い線上を沿うように歩く
・一歩踏み出したときに前の足に体重を乗せるように，腰から動く
・12時の方向につま先をもっていく

Training **02**

前向きな気持ちを持とう

・常に前向きな気持ちが姿勢を正す
・ポジティブ思考を心がけよう

言葉遣いの正しさはとは，場面にあった言葉を遣うということ。相手を気づかいながら，言葉を選ぶことで，より正しい言葉に近づいていく。

相手と場面に合わせた
ふさわしい言葉遣いを

次の文は接客の場面でよくある間違えやすい敬語です。
それぞれの言い方は○×どちらでしょうか。

問1「資料をご拝読いただきありがとうございます」

問2「こちらのパンフレットはもういただかれましたか？」

問3「恐れ入りますが，こちらの用紙にご記入してください」

問4「申し訳ございませんが，来週，休ませていただきます」

問5「先ほどの件，帰りましたら上司にご報告いたしますので」

Point

　ビジネスのシーンに敬語は欠くことができない。何度もやり取りをしていく中で，親しさの度合いによっては，あえてくだけた表現を用いることもあるが，「親しき仲にも礼儀あり」と言われるように，敬意や心づかいをおろそかにしてはいけないもの。相手に誤解されたり，相手の気分を壊すことのないように，相手や場面にふさわしい言葉遣いが大切になる。

問1 （×） ○正しい言い換え例

→「ご覧いただきありがとうございます」など

「拝読」は自分が「読む」意味の謙譲語なので，相手の行為に使うのは誤り。読むと見るは同義なため，多く，見るの尊敬語「ご覧になる」が用いられる。

問2 （×） ○正しい言い換え例

→「お持ちですか」「お渡ししましたでしょうか」 など

「いただく」は，食べる・飲む・もらうの謙譲語。「もらったかどうか」と聞きたいのだから，「おもらいになりましたか」と言えないこともないが，持っているかどうか，受け取ったかどうかという意味で「お持ちですか」などが使われることが多い。また，自分側が渡すような場合は，「お渡しする」を使って「お渡ししましたでしょうか」などの言い方に換えることもできる。

問3 （×） ○正しい言い換え例

→「恐れ入りますが，こちらの用紙にご記入ください」など

「ご記入する」の「お（ご）〜する」は謙譲語の形。相手の行為を謙譲語で表すことになるため誤り。「して」を取り除いて「ご記入ください」か，和語に言い換えて「お書きください」とする。ほかにも「お書き／ご記入・いただけますでしょうか・願います」などの表現もある。

問4 （△）

有給休暇を取る場合や，弔事等で休むような場面で，用いられることも多い。「休ませていただく」ということで一見丁寧に響くが，「来週休むと自分で休みを決めている」という勝手な表現にも受け取られかねない言葉だ。ここは同じ「させていただく」を用いても，相手の都合をうかがう言い方に換えて「○○がございまして，申し訳ございませんが，休みをいただいてもよろしいでしょうか」などの言い換えが好ましい。

問5 （×）○正しい言い換え例

→「上司に報告いたします」

「ご報告いたします」は，ソトの人との会話で使うとするならば誤り。「ご報告いたします」の「お・ご〜いたす」は，「お・ご〜する」と「〜いたす」という2つの敬語を含む言葉。そのうちの「お・ご〜する」は，主語である自分を低めて相手＝上司を高める働きをもつ表現（謙譲語Ⅰ）。一方「〜いたす」は，主語の私を低めて，話の聞き手に対して丁重に述べる働きをもつ表現（謙譲語Ⅱ　丁重語）。「お・ご〜する」も「〜いたす」も同じ謙譲語であるため紛らわしいが，主語を低める（謙譲）という働きは同じでも，行為の相手を高める働きがあるかないかという点に違いがあるといえる。

敬語は正しく使用することで，相手の印象を大きく変えることができる。尊敬語，謙譲語の区別をはっきりつけて，誤った用法で話すことのないように気をつけよう。

言葉の使い方が
マナーを表す!

■よく使われる尊敬語の形　「言う・話す・説明する」の例

専用の尊敬語型	おっしゃる
～れる・～られる型	言われる・話される・説明される
お（ご）～になる型	お話しになる・ご説明になる
お（ご）～なさる型	お話しなさる・ご説明なさる

■よく使われる謙譲語の形　「言う・話す・説明する」の例

専用の謙譲語型	申す・申し上げる
お（ご）～する型	お話しする・ご説明する
お（ご）～いたす型	お話しいたします・ご説明いたします

Point

　同じ尊敬語・謙譲語でも，よく使われる代表的な形がある。ここではその一例をあげてみた。敬語の使い方に迷ったときなどは，まずはこの形を思い出すことで，大抵の語はこの型にはめ込むことができる。同じ言葉を用いたほうがよりわかりやすいといえるので，同義に使われる「言う・話す・説明する」を例に考えてみよう。

　ほかにも「お話しくださる」や「お話しいただく」「お元気でいらっしゃる」などの形もあるが，まずは表の中の形を見直そう。

■よく使う動詞の尊敬語・謙譲語

なお，尊敬語の中の「言われる」などの「れる・られる」を付けた形は省力している。

基本	尊敬語（相手側）	謙譲語（自分側）
会う	お会いになる	お目にかかる・お会いする
言う	おっしゃる	申し上げる・申す
行く・来る	いらっしゃる おいでになる お見えになる お越しになる お出かけになる	伺う・参る お伺いする・参上する
いる	いらっしゃる・おいでになる	おる
思う	お思いになる	存じる
借りる	お借りになる	拝借する・お借りする
聞く	お聞きになる	拝聴する 拝聞する お伺いする・伺う お聞きする
知る	ご存じ（知っているという意で）	存じ上げる・存じる
する	なさる	いたす
食べる・飲む	召し上がる・お召し上がりになる お飲みになる	いただく・頂戴する
見る	ご覧になる	拝見する
読む	お読みになる	拝読する

「お伺いする」「お召し上がりになる」などは，「伺う」「召し上がる」自体が敬語なので「二重敬語」ですが，慣習として定着しており間違いではないもの。

Point ─

　上記の「敬語表」は，よく使うと思われる動詞をそれぞれ尊敬語・謙譲語で表したもの。このように大体の言葉は型にあてはめることができる。言葉の中には「お（ご）」が付かないものもあるが，その場合でも「〜なさる」を使って，「スピーチなさる」や「運営なさる」などと言うことができる。また，表では，「言う」の尊敬語「言われる」の例は省いているが，れる・られる型の「言われる」よりも「おっしゃる」「お話しになる」「お話しなさる」などの言い方のほうが，より敬意も高く，言葉としても何となく響きが落ち着くといった印象を受けるものとなる。

会話は相手があってのこと。いかなる場合でも，相手に対する心くばりを忘れないことが，会話をスムーズに進めるためのコツになる。

心くばりを添えるひと言で
言葉の印象が変わる!

　相手に何かを頼んだり，また相手の依頼を断ったり，相手の抗議に対して反論したりする場面では，いきなり自分の意見や用件を切り出すのではなく，場面に合わせて心くばりを伝えるひと言を添えてから本題に移ると，響きがやわらかくなり，こちらの意向も伝えやすくなる。俗にこれは「クッション言葉」と呼ばれている。(右表参照)

Point

　ビジネスの場面で，相手と話したり手紙やメールを送る際には，何か依頼事があってという場合が多いもの。その場合に「ちょっとお願いなんですが…」では，ふだんの会話と変わりがないものになってしまう。そこを「突然のお願いで恐れ入りますが」「急にご無理を申しまして」「こちらの勝手で恐縮に存じますが」「折り入ってお願いしたいことがございまして」などの一言を添えることで，直接的なきつい感じが和らぐだけでなく，「申し訳ないのだけれど，もしもそうしていただくことができればありがたい」という，相手への配慮や願いの気持ちがより強まる。このような前置きの言葉もうまく用いて，言葉に心くばりを添えよう。

相手の意向を尋ねる場合	「よろしければ」「お差し支えなければ」 「ご都合がよろしければ」「もしお時間がありましたら」 「もしお嫌いでなければ」「ご興味がおありでしたら」
相手に面倒を かけてしまうような場合	「お手数をおかけしますが」 「ご面倒をおかけしますが」 「お手を煩わせまして恐縮ですが」 「お忙しい時に申し訳ございませんが」 「お時間を割いていただき申し訳ありませんが」 「貴重なお時間を頂戴し恐縮ですが」
自分の都合を 述べるような場合	「こちらの勝手で恐縮ですが」 「こちらの都合（ばかり）で申し訳ないのですが」 「私どもの都合ばかりを申しまして，まことに申し訳なく存じますが」 「ご無理を申し上げまして恐縮ですが」
急な話をもちかけた場合	「突然のお願いで恐れ入りますが」 「急にご無理を申しまして」 「もっと早くにご相談申し上げるべきところでございましたが」 「差し迫ってのことでまことに申し訳ございませんが」
何度もお願いする場合	「たびたびお手数をおかけしまして恐縮に存じますが」 「重ね重ね恐縮に存じますが」 「何度もお手を煩わせまして申し訳ございませんが」 「ご面倒をおかけしてばかりで，まことに申し訳ございませんが」
難しいお願いをする場合	「ご無理を承知でお願いしたいのですが」 「たいへん申し上げにくいのですが」 「折り入ってお願いしたいことがございまして」
あまり親しくない相手に お願いする場合	「ぶしつけなお願いで恐縮ですが」 「ぶしつけながら」 「まことに厚かましいお願いでございますが」
相手の提案・誘いを断る場合	「申し訳ございませんが」 「（まことに）残念ながら」 「せっかくのご依頼ではございますが」 「たいへん恐縮ですが」 「身に余るお言葉ですが」 「まことに失礼とは存じますが」 「たいへん心苦しいのですが」 「お引き受けしたいのはやまやまですが」
問い合わせの場合	「つかぬことをうかがいますが」 「突然のお尋ねで恐縮ですが」

ここでは文章の書き方における，一般的な敬称について言及している。はがき，手紙，メール等，通信手段はさまざま。それぞれの特性をふまえて有効活用しよう。

相手の気持ちになって
見やすく美しく書こう

■敬称のいろいろ

敬称	使う場面	例
様	職名・役職のない個人	（例）飯田知子様／ご担当者様／経理部長　佐藤一夫様
殿	職名・組織名・役職のある個人（公用文など）	（例）人事部長殿／教育委員会殿／田中四郎殿
先生	職名・役職のない個人	（例）松井裕子先生
御中	企業・団体・官公庁などの組織	（例）○○株式会社御中
各位	複数あてに同一文書を出すとき	（例）お客様各位／会員各位

Point

　封筒・はがきの表書き・裏書きは縦書きが基本だが，洋封筒で親しい人にあてる場合は，横書きでも問題ない。いずれにせよ，定まった位置に，丁寧な文字でバランス良く，正確に記すことが大切。特に相手の住所や名前を乱雑な文字で書くのは，配達の際の間違いを引き起こすだけでなく，受け取る側に不快な思いをさせる。相手の気持ちになって，見やすく美しく書くよう心がけよう。

■各通信手段の長所と短所

	長所	短所	用途
封書	・封を開けなければ本人以外の目に触れることがない。 ・丁寧な印象を受ける。	・多量の資料・画像送付には不向き。 ・相手に届くまで時間がかかる。	・儀礼的な文書(礼状・わび状など) ・目上の人あての文書 ・重要な書類 ・他人に内容を読まれたくない文書
はがき・カード	・封書よりも気軽にやり取りできる。 ・年賀状や季節の便り,旅先からの連絡など絵はがきとしても楽しむことができる。	・封に入っていないため,第三者の目に触れることがある。 ・中身が見えるので,改まった礼状やわび状,こみ入った内容には不向き。 ・相手に届くまで時間がかかる。	・通知状　　・案内状 ・送り状　　・旅先からの便り ・各種お祝い　・お礼 ・季節の挨拶
ＦＡＸ	・手書きの図やイラストを文章といっしょに送れる。 ・すぐに届く。 ・控えが手元に残る。	・多量の資料の送付には不向き。 ・事務的な用途で使われることが多く,改まった内容の文書,初対面の人へは不向き。	・地図,イラストの入った文書 ・印刷物(本・雑誌など)
電話	・急ぎの連絡に便利。 ・相手の反応をすぐに確認できる。 ・直接声が聞けるので,安心感がある。	・連絡できる時間帯が制限される。 ・長々としたこみ入った内容は伝えづらい。	・緊急の用件 ・確実に用件を伝えたいとき
メール	・瞬時に届く。　・控えが残る。 ・コストが安い。 ・大容量の資料や画像をデータで送ることができる。 ・一度に大勢の人に送ることができる。 ・相手の居場所や状況を気にせず送れる。	・事務的な印象を与えるので,改まった礼状やわび状には不向き。 ・パソコンや携帯電話を持っていない人には送れない。 ・ウィルスなどへの対応が必要。	・データで送りたいとき ・ビジネス上の連絡

Point

　はがきは手軽で便利だが,おわびやお願い,格式を重んじる手紙には不向きとなる。この種の手紙は内容もこみ入ったものとなり,加えて丁寧な文章で書かなければならないので,数行で済むことはまず考えられない。また,封筒に入っていないため,他人の目に触れるという難点もある。このように,はがきにも長所と短所があるため,使う場面や相手によって,他の通信手段と使い分けることが必要となる。

　はがき以外にも,封書・電話・ＦＡＸ・メールなど,現代ではさまざまな通信手段がある。上に示したように,それぞれ長所と短所があるので,特徴を知って用途によって上手に使い分けよう。

社会人のマナーとして，電話応対のスキルは必要不可欠。まずは失礼なく電話に出ることからはじめよう。積極性が重要だ。

相手の顔が見えない分
対応には細心の注意を

■電話をかける場合

---

① ○○先生に電話をする

× 「私，□□社の××と言いますが，○○様はおられますでしょうか？」

○ 「××と申しますが，○○様はいらっしゃいますか？」

「おられますか」は「おる」を謙譲語として使うため，通常は相手がいるかどうかに関しては，「いらっしゃる」を使うのが一般的。

---

② 相手の状況を確かめる

× 「こんにちは，××です，先日のですね…」

○ 「××です，先日は有り難うございました，今お時間よろしいでしょうか？」

相手が忙しくないかどうか，状況を聞いてから話を始めるのがマナー。また，やむを得ず夜間や早朝，休日などに電話をかける際は，「夜分（朝早く）に申し訳ございません」「お休みのところ恐れ入ります」などのお詫びの言葉もひと言添えて話す。

---

③ 相手が不在，何時ごろ戻るかを聞く場合

× 「戻りは何時ごろですか？」

○ 「何時ごろお戻りになりますでしょうか？」

「戻り」はそのままの言い方，相手にはきちんと尊敬語を使う。

---

④ また自分からかけることを伝える

× 「そうですか，ではまたかけますので」

○ 「それではまた後ほど（改めて）お電話させていただきます」

戻る時間がわかる場合は，「またお戻りになりましたころにでも」「また午後にでも」などの表現もできる。

■電話を受ける場合

① 電話を取ったら

× 「はい，もしもし，○○（社名）ですが」

○ **「はい，○○（社名）でございます」**

② 相手の名前を聞いて

× 「どうも，どうも」

○ **「いつもお世話になっております」**

あいさつ言葉として定着している決まり文句ではあるが，日頃のお付き合いがあってこそ。あいさつ言葉もきちんと述べよう。「お世話様」という言葉も時折耳にするが，敬意が軽い言い方となる。適切な言葉を使い分けよう。

③ 相手が名乗らない

× 「どなたですか？」「どちらさまですか？」

○ **「失礼ですが，お名前をうかがってもよろしいでしょうか？」**

名乗るのが基本だが，尋ねる態度も失礼にならないように適切な応対を心がけよう。

④ 電話番号や住所を教えてほしいと言われた場合

× 「はい，いいでしょうか？」　　× 「メモのご用意は？」

○ **「はい，申し上げます，よろしいでしょうか？」**

「メモのご用意は？」は，一見親切なようにも聞こえるが，尋ねる相手も用意していることがほとんど。押し付けがましくならない程度に。

⑤ 上司への取次を頼まれた場合

× 「はい，今代わります」　　× 「○○部長ですね，お待ちください」

○ **「部長の○○でございますね，ただいま代わりますので，少々お待ちくださいませ」**

○○部長という表現は，相手側の言い方となる。自分側を述べる場合は，「部長の○○」「○○」が適切。

Point

自分から電話をかける場合は，まずは自分の会社名や氏名を名乗るのがマナー。たとえ目的の相手が直接出た場合でも，電話では相手の様子が見えないことがほとんど。自分の勝手な判断で話し始めるのではなく，相手の都合を伺い，そのうえで話を始めるのが社会人として必要な気配りとなる。

デキるオトナをアピール
時候の挨拶

月	漢語調の表現 候，みぎりなどを付けて用いられます	口語調の表現
1月 （睦月）	初春・新春　頌春・小寒・大寒・厳寒	皆様におかれましては，よき初春をお迎えのことと存じます／厳しい寒さが続いております／珍しく暖かな寒の入りとなりました／大寒という言葉通りの厳しい寒さでございます
2月 （如月）	春寒・余寒・残寒・立春・梅花・向春	立春とは名ばかりの寒さ厳しい毎日でございます／梅の花もちらほらとふくらみ始め，春の訪れを感じる今日この頃です／春の訪れが待ち遠しいこのごろでございます
3月 （弥生）	早春・浅春・春寒・春分・春暖	寒さもようやくゆるみ，日ましに春めいてまいりました／ひと雨ごとに春めいてまいりました／日増しに暖かさが加わってまいりました
4月 （卯月）	春暖・陽春・桜花・桜花爛漫	桜花爛漫の季節を迎えました／春光うららかな好季節となりました／花冷えとでも申しましょうか，何だか肌寒い日が続いております
5月 （皐月）	新緑・薫風・惜春・晩春・立夏・若葉	風薫るさわやかな季節を迎えました／木々の緑が目にまぶしいようでございます／目に青葉，山ほととぎす，初鰹の句も思い出される季節となりました
6月 （水無月）	梅雨・向暑・初夏・薄暑・麦秋	初夏の風もさわやかな毎日でございます／梅雨前線が近づいてまいりました／梅雨の晴れ間にのぞく青空は，まさに夏を思わせるようです
7月 （文月）	盛夏・大暑・炎暑・酷暑・猛暑	梅雨が明けたとたん，うだるような暑さが続いております／長い梅雨も明け，いよいよ本格的な夏がやってまいりました／風鈴の音がわずかに涼を運んでくれているようです
8月 （葉月）	残暑・晩夏・処暑・秋暑	立秋とはほんとうに名ばかりの厳しい暑さの毎日です／残暑たえがたい毎日でございます／朝夕はいくらかしのぎやすくなってまいりました
9月 （長月）	初秋・新秋・爽秋・新涼・清涼	九月に入りましてもなお，日差しの強い毎日です／暑さもやっとおとろえはじめたようでございます／残暑も去り，ずいぶんとしのぎやすくなってまいりました
10月 （神無月）	清秋・錦秋・秋涼・秋冷・寒露	秋風もさわやかな過ごしやすい季節となりました／街路樹の葉も日ごとに色を増しております／紅葉の便りの聞かれるころとなりました／秋深く，日増しに冷気も加わってまいりました
11月 （霜月）	晩秋・暮秋・霜降・初霜・向寒	立冬を迎え，まさに冬到来を感じる寒さです／木枯らしの季節になりました／日ごとに冷気が増すようでございます／朝夕はひときわ冷え込むようになりました
12月 （師走）	寒冷・初冬・師走・歳晩	師走を迎え，何かと慌ただしい日々をお過ごしのことと存じます／年の瀬も押しつまり，何かとお忙しくお過ごしのことと存じます／今年も残すところわずかとなりました，お忙しい毎日とお察しいたします

シチュエーション別会話例

シチュエーション1　　取引先との会話

「非常に素晴らしいお話で感心しました」→NG！

　「感心する」は相手の立派な行為や，優れた技量などに心を動かされるという意味。意味としては間違いではないが，目上の人に用いると，偉そうに聞こえかねない表現。「感動しました」などに言い換えるほうが好ましい。

シチュエーション2　　子どもとの会話

「お母さんは，明日はいますか？」→NG！

　たとえ子どもとの会話でも，子どもの年齢によっては，ある程度の敬語を使うほうが好ましい。「明日はいらっしゃいますか」では，むずかしすぎると感じるならば，「お出かけですか」などと表現することもできる。

シチュエーション3　　同僚との会話

「今，お暇ですか」→NG？

　同じ立場同士なので，暇に「お」が付いた形で「お暇」ぐらいでも構わないともいえるが，「暇」というのは，するべきことも何もない時間という意味。そのため「お暇ですか」では，あまりにも直接的になってしまう。その意味では「手が空いている」→「空いていらっしゃる」→「お手透き」などに言い換えることで，やわらかく敬意も含んだ表現になる。

シチュエーション4　　上司との会話

「なるほどですね」→NG！

　「なるほど」とは，相手の言葉を受けて，自分も同意見であることを表すため，相手の言葉・意見を自分が評価するというニュアンスも含まれている。そのため自分が評価して述べているという偉そうな表現にもなりかねない。同じ同意ならば，頷き「おっしゃる通りです」などの言葉のほうが誤解なく伝わる。

就活スケジュールシート

■年間スケジュールシート

1月	2月	3月	4月	5月	6月
企業関連スケジュール					
自己の行動計画					

就職活動をすすめるうえで，当然重要になってくるのは，自己のスケジュール管理だ。企業の選考スケジュールを把握することも大切だが，自分のペースで進めることになる自己分析や業界・企業研究，面接試験のトレーニング等の計画を立てることも忘れてはいけない。スケジュールシートに「記入」する作業を通して，短期・長期の両方の面から就職試験を考えるきっかけにしよう。

7月	8月	9月	10月	11月	12月
企業関連スケジュール					
自己の行動計画					

第4章

SPI対策

ほとんどの企業では，基本的な資質や能力を見極める
ため適性検査を実施しており，現在最も使われている
のがリクルートが開発した「SPI」である。

テストの内容は，「言語能力」「非言語能力」「性格」
の3つに分かれている。その人がどんな人物で，どん
な仕事で力を発揮しやすいのか，また，どんな組織に
なじみやすいかなどを把握するために行われる。

この章では，SPIの「言語能力」及び「非言語能力」の
分野で，頻出内容を絞って，演習問題を構成している。
演習問題に複数回チャレンジし，解説をしっかりと熟
読して，学習効果を高めよう。

SPI 対策

●SPI とは

　SPIは，Synthetic Personality Inventoryの略称で，株式会社リクルートが開発・販売を行っている就職採用向けのテストである。昭和49年から提供が始まり，平成14年と平成25年の2回改訂が行われ，現在はSPI3が最新になる。

　SPIは，応募者の仕事に対する適性，職業の適性能力，興味や関心を見極めるのに適しており，現在の就職採用テストでは主流となっている。

　SPIは，「知的能力検査」と「性格検査」の2領域にわけて測定され，知的能力検査は「言語能力検査（国語）」と「非言語能力検査（数学）」に分かれている。オプション検査として，「英語（ENG）検査」を実施することもある。性格適性検査では，性格を細かく分析するために，非常に多くの質問が出される。SPIの性格適性検査では，正式な回答はなく，全ての質問に正直に答えることが重要である。

　本章では，その中から，「言語能力検査」と「非言語能力検査」に絞って収録している。

●SPI を利用する企業の目的

①：志望者から人数を絞る

　一部上場企業にもなると，数万単位の希望者が応募してくる。基本的な資質能力や会社への適性能力を見極めるため，SPIを使って，人数の絞り込みを行う。

②：知的能力を見極める

　SPIは，応募者1人1人の基本的な知的能力を比較することができ，それによって，受検者の相対的な知的能力を見極めることが可能になる。

③：性格をチェックする

　その職種に対する適性があるが，300程度の簡単な質問によって発想力やパーソナリティを見ていく。性格検査なので，正解というものはなく，正直に回答していくことが重要である。

●SPIの受検形式

　SPIは，企業の会社説明会や会場で実施される「ペーパーテスト形式」と，パソコンを使った「テストセンター形式」とがある。

　近年，ペーパーテスト形式は減少しており，ほとんどの企業が，パソコンを使ったテストセンター形式を採用している。志望する企業がどのようなテストを採用しているか，早めに確認し，対策を立てておくこと。

●SPIの出題形式

　SPIは，言語分野，非言語分野，英語（ENG），性格適性検査に出題形式が分かれている。

科目	出題範囲・内容
言語分野	二語の関係，語句の意味，語句の用法，文の並び換え，空欄補充，熟語の成り立ち，文節の並び換え，長文読解　等
非言語分野	推論，場合の数，確率，集合，損益算，速度算，表の読み取り，資料の読み取り，長文読み取り　等
英語（ENG）	同意語，反意語，空欄補充，英英辞書，誤文訂正，和文英訳，長文読解　等
性格適性検査	質問：300問程度　時間：約35分

●受検対策

　本章では，出題が予想される問題を厳選して収録している。問題と解答だけではなく，詳細な解説も収録しているので，分からないところは複数回問題を解いてみよう。

言語分野

二語関係

同音異義語

●あいせき
哀惜　死を悲しみ惜しむこと
愛惜　惜しみ大切にすること

●いぎ
意義　意味・内容・価値
異議　他人と違う意見
威儀　いかめしい挙動
異義　異なった意味

●いし
意志　何かをする積極的な気持ち
意思　しようとする思い・考え

●いどう
異同　異なり・違い・差
移動　場所を移ること
異動　地位・勤務の変更

●かいこ
懐古　昔を懐かしく思うこと
回顧　過去を振り返ること
解雇　仕事を辞めさせること

●かいてい
改訂　内容を改め直すこと
改定　改めて定めること

●かんしん
関心　気にかかること
感心　心に強く感じること
歓心　嬉しいと思う心

寒心　肝を冷やすこと

●きてい
規定　規則・定め
規程　官公庁などの規則

●けんとう
見当　だいたいの推測・判断・
　　　めあて
検討　調べ究めること

●こうてい
工程　作業の順序
行程　距離・みちのり

●じき
直　　すぐに
時期　時・折り・季節
時季　季節・時節
時機　適切な機会

●しゅし
趣旨　趣意・理由・目的
主旨　中心的な意味

●たいけい
体型　人の体格
体形　人や動物の形態
体系　ある原理に基づき個々のも
　　　のを統一したもの
大系　系統立ててまとめた叢書

●たいしょう

対象　行為や活動が向けられる相手

対称　対応する位置にあること

対照　他のものと照らし合わせること

●たんせい

端正　人の行状が正しくきちんとしているさま

端整　人の容姿が整っているさま

●はんざつ

繁雑　ごたごたと込み入ること

煩雑　煩わしく込み入ること

●ほしょう

保障　保護して守ること

保証　確かだと請け合うこと

補償　損害を補い償うこと

●むち

無知　知識・学問がないこと

無恥　恥を知らないこと

●ようけん

要件　必要なこと

用件　なすべき仕事

同訓漢字

●あう

合う…好みに合う。答えが合う。

会う…客人と会う。立ち会う。

遭う…事故に遭う。盗難に遭う。

●あげる

上げる…プレゼントを上げる。効果を上げる。

挙げる…手を挙げる。全力を挙げる。

揚げる…凧を揚げる。てんぷらを揚げる。

●あつい

暑い…夏は暑い。暑い部屋。

熱い…熱いお湯。熱い視線を送る。

厚い…厚い紙。面の皮が厚い。

篤い…志の篤い人。篤い信仰。

●うつす

写す…写真を写す。文章を写す。

映す…映画をスクリーンに映す。鏡に姿を映す。

●おかす

冒す…危険を冒す。病に冒された人。

犯す…犯罪を犯す。法律を犯す。

侵す…領空を侵す。プライバシーを侵す。

●おさめる

治める…領地を治める。水を治める。

収める…利益を収める。争いを収める。

修める…学問を修める。身を修める。

納める…税金を納める。品物を納める。

●かえる

変える…世界を変える。性格を変える。

代える…役割を代える。背に腹は代えられぬ。

替える…円をドルに替える。服を
　　　　替える。

●きく

聞く…うわさ話を聞く。明日の天
　　　気を聞く。

聴く…音楽を聴く。講義を聴く。

●しめる

閉める…門を閉める。ドアを閉め
　　　　る。

締める…ネクタイを締める。気を
　　　　引き締める。

絞める…首を絞める。絞め技をか
　　　　ける。

●すすめる

進める…足を進める。話を進める。

勧める…縁談を勧める。加入を勧
　　　　める。

薦める…生徒会長に薦める。

●つく

付く…傷が付いた眼鏡。気が付く。

着く…待ち合わせ場所の公園に着
　　　く。地に足が着く。

就く…仕事に就く。外野の守備に
　　　就く。

●つとめる

務める…日本代表を務める。主役
　　　　を務める。

努める…問題解決に努める。療養
　　　　に努める。

勤める…大学に勤める。会社に勤
　　　　める。

●のぞむ

望む…自分の望んだ夢を追いかけ
　　　る。

臨む…記者会見に臨む。決勝に臨
　　　む。

●はかる

計る…時間を計る。将来を計る。

測る…飛行距離を測る。水深を測
　　　る。

●みる

見る…月を見る。ライオンを見る。

診る…患者を診る。脈を診る。

演習問題

[1] カタカナで記した部分の漢字として適切なものはどれか。

1　手続きがハンザツだ　　　　　　【汎雑】
2　誤りをカンカすることはできない　【観過】
3　ゲキヤクなので取扱いに注意する　【激薬】
4　クジュウに満ちた選択だった　　　【苦重】
5　キセイの基準に従う　　　　　　　【既成】

2 下線部の漢字として適切なものはどれか。

家で飼っている熱帯魚を<u>かんしょう</u>する。

1　干渉
2　観賞
3　感傷
4　勧奨
5　鑑賞

3 下線部の漢字として適切なものはどれか。

彼に責任を<u>ついきゅう</u>する。

1　追窮
2　追究
3　追給
4　追求
5　追及

4 下線部の語句について，両方とも正しい表記をしているものはどれか。

1　私と母とは<u>相生</u>がいい。　・この歌を<u>愛唱</u>している。
2　それは<u>規成</u>の事実である。　・<u>既製品</u>を買ってくる。
3　同音<u>異義語</u>を見つける。　・会議で<u>意議</u>を申し立てる。
4　選挙の<u>大勢</u>が決まる。　・作曲家として<u>大成</u>する。
5　<u>無常</u>の喜びを味わう。　・<u>無情</u>にも雨が降る。

5 下線部の漢字として適切なものはどれか。

彼の体調は<u>かいほう</u>に向かっている。

1　介抱
2　快方
3　解放
4　回報
5　開放

1 5

解説 1 「煩雑」が正しい。「汎」は「汎用(はんよう)」などと使う。2 「看過」が正しい。「観」は「観光」や「観察」などと使う。 3 「劇薬」が正しい。「少量の使用であってもはげしい作用のするもの」という意味であるが「激」を使わないことに注意する。 4 「苦渋」が正しい。苦しみ悩むという意味で，「苦悩」と同意であると考えてよい。 5 「既成概念」などと使う場合もある。同音で「既製」という言葉があるが，これは「既製服」や「既製品」という言葉で用いる。

2 2

解説 同音異義語や同訓異字の問題は，その漢字を知っているだけでは対処できない。「植物や魚などの美しいものを見て楽しむ」場合は「観賞」を用いる。なお，「芸術作品」に関する場合は「鑑賞」を用いる。

3 5

解説 「ついきゅう」は，特に「追究」「追求」「追及」が頻出である。「追究」は「あることについて徹底的に明らかにしようとすること」，「追求」は「あるものを手に入れようとすること」，「追及」は「後から厳しく調べること」という意味である。ここでは，「責任」という言葉の後にあるので，「厳しく」という意味が含まれている「追及」が適切である。

4 4

解説 1の「相生」は「相性」，2の「規成」は「既成」，3の「意議」は「異議」，5の「無常」は「無上」が正しい。

5 2

解説 「快方」は「よい方向に向かっている」という意味である。なお，1は病気の人の世話をすること，3は束縛を解いて自由にすること，4は複数人で回し読む文書，5は出入り自由として開け放つ，の意味。

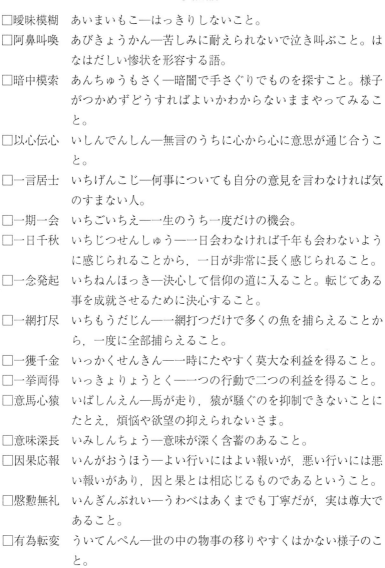

熟語

四字熟語

☐曖昧模糊　あいまいもこ―はっきりしないこと。

☐阿鼻叫喚　あびきょうかん―苦しみに耐えられないで泣き叫ぶこと。はなはだしい惨状を形容する語。

☐暗中模索　あんちゅうもさく―暗闇で手さぐりでものを探すこと。様子がつかめずどうすればよいかわからないままやってみること。

☐以心伝心　いしんでんしん―無言のうちに心から心に意思が通じ合うこと。

☐一言居士　いちげんこじ―何事についても自分の意見を言わなければ気のすまない人。

☐一期一会　いちごいちえ――生のうち一度だけの機会。

☐一日千秋　いちじつせんしゅう――日会わなければ千年も会わないように感じられることから，一日が非常に長く感じられること。

☐一念発起　いちねんほっき―決心して信仰の道に入ること。転じてある事を成就させるために決心すること。

☐一網打尽　いちもうだじん――網打つだけで多くの魚を捕らえることから，一度に全部捕らえること。

☐一獲千金　いっかくせんきん――時にたやすく莫大な利益を得ること。

☐一挙両得　いっきょりょうとく――つの行動で二つの利益を得ること。

☐意馬心猿　いばしんえん―馬が走り，猿が騒ぐのを抑制できないことにたとえ，煩悩や欲望の抑えられないさま。

☐意味深長　いみしんちょう―意味が深く含蓄のあること。

☐因果応報　いんがおうほう―よい行いにはよい報いが，悪い行いには悪い報いがあり，因と果とは相応じるものであるということ。

☐慇懃無礼　いんぎんぶれい―うわべはあくまでも丁寧だが，実は尊大であること。

☐有為転変　ういてんぺん―世の中の物事の移りやすくはかない様子のこと。

☐右往左往　うおうさおう―多くの人が秩序もなく動き，あっちへ行ったりこっちへ来たり，混乱すること。

□右顧左眄　うこさべん—右を見たり，左を見たり，周囲の様子ばかりうかがっていて決断しないこと。

□有象無象　うぞうむぞう—世の中の無形有形の一切のもの。たくさん集まったつまらない人々。

□海千山千　うみせんやません—経験を積み，その世界の裏まで知り抜いている老獪な人。

□紆余曲折　うよきょくせつ—まがりくねっていること。事情が込み入って，状況がいろいろ変化すること。

□雲散霧消　うんさんむしょう—雲や霧が消えるように，あとかたもなく消えること。

□栄枯盛衰　えいこせいすい—草木が繁り，枯れていくように，盛んになったり衰えたりすること。世の中の浮き沈みのこと。

□栄耀栄華　えいようえいが—権力や富貴をきわめ，おごりたかぶること。

□会者定離　えしゃじょうり—会う者は必ず離れる運命をもつということ。人生の無常を説いたことば。

□岡目八目　おかめはちもく—局外に立ち，第三者の立場で物事を観察すると，その是非や損失がよくわかるということ。

□温故知新　おんこちしん—古い事柄を究め新しい知識や見解を得ること。

□臥薪嘗胆　がしんしょうたん—たきぎの中に寝，きもをなめる意で，目的を達成するのために苦心，苦労を重ねること。

□花鳥風月　かちょうふうげつ—自然界の美しい風景，風雅のこころ。

□我田引水　がでんいんすい—自分の利益となるように発言したり行動したりすること。

□画竜点睛　がりょうてんせい—竜を描いて最後にひとみを描き加えたところ，天に上ったという故事から，物事を完成させるために最後に付け加える大切な仕上げ。

□夏炉冬扇　かろとうせん—夏の火鉢，冬の扇のようにその場に必要のない事物。

□危急存亡　ききゅうそんぼう—危機が迫ってこのまま生き残れるか滅びるかの瀬戸際。

□疑心暗鬼　ぎしんあんき—心の疑いが妄想を引き起こして実際にはいない鬼の姿が見えるようになることから，疑心が起こると何で

もないことまで恐ろしくなること。

□玉石混交　ぎょくせきこんこう―すぐれたものとそうでないものが入り混じっていること。

□荒唐無稽　こうとうむけい―言葉や考えによりどころがなく，とりとめもないこと。

□五里霧中　ごりむちゅう―迷って考えの定まらないこと。

□針小棒大　しんしょうぼうだい―物事を大袈裟にいうこと。

□大同小異　だいどうしょうい―細部は異なっているが総体的には同じであること。

□馬耳東風　ばじとうふう―人の意見や批評を全く気にかけず聞き流すこと。

□波瀾万丈　はらんばんじょう―さまざまな事件が次々と起き，変化に富むこと。

□付和雷同　ふわらいどう――一定の見識がなくただ人の説にわけもなく賛同すること。

□粉骨砕身　ふんこつさいしん―力の限り努力すること。

□羊頭狗肉　ようとうくにく―外見は立派だが内容がともなわないこと。

□竜頭蛇尾　りゅうとうだび―初めは勢いがさかんだが最後はふるわないこと。

□臨機応変　りんきおうへん―時と場所に応じて適当な処置をとること。

演習問題

1 「海千山千」の意味として適切なものはどれか。

1　様々な経験を積み，世間の表裏を知り尽くしてずる賢いこと

2　今までに例がなく，これからもあり得ないような非常に珍しいこと

3　人をだまし丸め込む手段や技巧のこと

4　一人で千人の敵を相手にできるほど強いこと

5　広くて果てしないこと

2 四字熟語として適切なものはどれか。
1　竜頭堕尾
2　沈思黙考
3　孟母断危
4　理路正然
5　猪突猛伸

3 四字熟語の漢字の使い方がすべて正しいものはどれか。
1　純真無垢　　青天白日　　疑心暗鬼
2　短刀直入　　自我自賛　　危機一髪
3　厚顔無知　　思考錯誤　　言語同断
4　異句同音　　一鳥一石　　好機当来
5　意味深長　　興味深々　　五里霧中

4 「一蓮托生」の意味として適切なものはどれか。
1　一味の者を一度で全部つかまえること。
2　物事が順調に進行すること。
3　ほかの事に注意をそらさず，一つの事に心を集中させているさま。
4　善くても悪くても行動・運命をともにすること。
5　妥当なものはない。

5 故事成語の意味で適切なものはどれか。
「塞翁(さいおう)が馬」
1　たいして差がない
2　幸不幸は予測できない
3　肝心なものが欠けている
4　実行してみれば意外と簡単
5　努力がすべてむだに終わる

1 1

解説 2は「空前絶後」，3は「手練手管」，4は「一騎当千」，5は「広大無辺」である。

2 2

解説 2の沈思黙考は，「思いにしずむこと。深く考えこむこと。」の意味である。なお，1は竜頭蛇尾(始めは勢いが盛んでも，終わりにはふるわないこと)，3は孟母断機(孟子の母が織りかけの織布を断って，学問を中途でやめれば，この断機と同じであると戒めた譬え)，4は理路整然(話や議論の筋道が整っていること)，5は猪突猛進(いのししのように向こう見ずに一直線に進むこと)が正しい。

3 1

解説 2は「単刀直入」「自画自賛」，3は「厚顔無恥」「試行錯誤」「言語道断」，4は「異口同音」「一朝一夕」「好機到来」，5は「興味津々」が正しい。四字熟語の意味を理解する際，どのような字で書かれているかを意識するとよい。

4 4

解説 「一蓮托生」は，よい行いをした者は天国に行き，同じ蓮の花の上に生まれ変わるという仏教の教えから，「(ことの善悪にかかわらず)仲間として行動や運命をともにすること」をいう。

5 2

解説 「塞翁が馬」は「人間万事塞翁が馬」と表す場合もある。1は「五十歩百歩」，3は「画竜点睛に欠く」，4は「案ずるより産むが易し」，5は「水泡に帰する」の故事成語の意味である。

非言語分野

計算式・不等式

演習問題

1 分数 $\dfrac{30}{7}$ を小数で表したとき，小数第100位の数字として正しいものはどれか。

  1 1   2 2   3 4   4 5   5 7

2 $x=\sqrt{2}-1$ のとき，$x+\dfrac{1}{x}$ の値として正しいものはどれか。

  1 $2\sqrt{2}$ 2 $2\sqrt{2}-2$ 3 $2\sqrt{2}-1$ 4 $3\sqrt{2}-3$

  5 $3\sqrt{2}-2$

3 360の約数の総和として正しいものはどれか。

  1 1060   2 1170   3 1250   4 1280   5 1360

4 $\dfrac{x}{2}=\dfrac{y}{3}=\dfrac{z}{5}$ のとき，$\dfrac{x-y+z}{3x+y-z}$ の値として正しいものはどれか。

   1 -2 2 -1 3 $\dfrac{1}{2}$ 4 1 5 $\dfrac{3}{2}$

5 $\dfrac{\sqrt{2}}{\sqrt{2}-1}$ の整数部分を a，小数部分を b とするとき，$a\times b$ の値として正しいものは次のうちどれか。

  1 $\sqrt{2}$ 2 $2\sqrt{2}-2$ 3 $2\sqrt{2}-1$ 4 $3\sqrt{2}-3$

  5 $3\sqrt{2}-2$

6 $x=\sqrt{5}+\sqrt{2}$，$y=\sqrt{5}-\sqrt{2}$ のとき，x^2+xy+y^2 の値として正しいものはどれか。

  1 15   2 16   3 17   4 18   5 19

7 $\dfrac{\sqrt{2}}{\sqrt{2}-1}$ の整数部分を a, 小数部分を b とするとき, b^2 の値として正しいものはどれか。

    1 $2-\sqrt{2}$ 2 $1+\sqrt{2}$ 3 $2+\sqrt{2}$ 4 $3+\sqrt{2}$
    5 $3-2\sqrt{2}$

8 ある中学校の生徒全員のうち, 男子の7.5%, 女子の6.4%を合わせて37人がバドミントン部員であり, 男子の2.5%, 女子の7.2%を合わせて25人が吹奏楽部員である。この中学校の女子全員の人数は何人か。

    1 246人   2 248人   3 250人   4 252人   5 254人

9 連続した3つの正の偶数がある。その小さい方2数の2乗の和は, 一番大きい数の2乗に等しいという。この3つの数のうち, 最も大きい数として正しいものはどれか。

    1 6   2 8   3 10   4 12   5 14

○○○解答・解説○○○

1 5

解説 実際に30を7で割ってみると,
$\dfrac{30}{7}=4.28571428571\cdots\cdots$ となり, 小数点以下は, 6つの数字 "285714" が繰り返されることがわかる。$100\div6=16$ 余り 4 だから, 小数第100位は, "285714" のうちの4つ目の "7" である。

2 1

解説 $x=\sqrt{2}-1$ を $x+\dfrac{1}{x}$ に代入すると,

$$x+\dfrac{1}{x}=\sqrt{2}-1+\dfrac{1}{\sqrt{2}-1}=\sqrt{2}-1+\dfrac{\sqrt{2}+1}{(\sqrt{2}-1)(\sqrt{2}+1)}$$
$$=\sqrt{2}-1+\dfrac{\sqrt{2}+1}{2-1}$$
$$=\sqrt{2}-1+\sqrt{2}+1=2\sqrt{2}$$

[3] 2

解説 360を素因数分解すると，$360 = 2^3 \times 3^2 \times 5$ であるから，約数の総和は $(1 + 2 + 2^2 + 2^3)(1 + 3 + 3^2)(1 + 5) = (1 + 2 + 4 + 8)(1 + 3 + 9)(1 + 5) = 15 \times 13 \times 6 = 1170$ である。

[4] 4

解説 $\dfrac{x}{2} = \dfrac{y}{3} = \dfrac{z}{5} = A$ とおく。

$x = 2A$，$y = 3A$，$z = 5A$ となるから，

$x - y + z = 2A - 3A + 5A = 4A$，$3x + y - z = 6A + 3A - 5A = 4A$

したがって，$\dfrac{x - y + z}{3x + y - z} = \dfrac{4A}{4A} = 1$ である。

[5] 4

解説 分母を有理化する。

$\dfrac{\sqrt{2}}{\sqrt{2} - 1} = \dfrac{\sqrt{2}(\sqrt{2} + 1)}{(\sqrt{2} - 1)(\sqrt{2} + 1)} = \dfrac{2 + \sqrt{2}}{2 - 1} = 2 + \sqrt{2} = 2 + 1.414\cdots = 3.414\cdots$

であるから，$a = 3$ であり，$b = (2 + \sqrt{2}) - 3 = \sqrt{2} - 1$ となる。

したがって，$a \times b = 3(\sqrt{2} - 1) = 3\sqrt{2} - 3$

[6] 3

解説 $(x + y)^2 = x^2 + 2xy + y^2$ であるから，

$x^2 + xy + y^2 = (x + y)^2 - xy$ と表せる。

ここで，$x + y = (\sqrt{5} + \sqrt{2}) + (\sqrt{5} - \sqrt{2}) = 2\sqrt{5}$，

$\qquad xy = (\sqrt{5} + \sqrt{2})(\sqrt{5} - \sqrt{2}) = 5 - 2 = 3$

であるから，求める $(x + y)^2 - xy = (2\sqrt{5})^2 - 3 = 20 - 3 = 17$

[7] 5

解説 分母を有理化すると，

$\dfrac{\sqrt{2}}{\sqrt{2} - 1} = \dfrac{\sqrt{2}(\sqrt{2} + 1)}{(\sqrt{2} - 1)(\sqrt{2} + 1)} = \dfrac{2 + \sqrt{2}}{2 - 1} = 2 + \sqrt{2}$

$\sqrt{2} = 1.4142\cdots\cdots$ であるから，$2 + \sqrt{2} = 2 + 1.4142\cdots\cdots = 3.14142\cdots\cdots$

したがって，$a = 3$，$b = 2 + \sqrt{2} - 3 = \sqrt{2} - 1$ といえる。

したがって，$b^2 = (\sqrt{2} - 1)^2 = 2 - 2\sqrt{2} + 1 = 3 - 2\sqrt{2}$ である。

$\boxed{8}$ 3

解説 男子全員の人数を x，女子全員の人数を y とする。

$0.075x + 0.064y = 37 \cdots ①$

$0.025x + 0.072y = 25 \cdots ②$

① $-$ ② $\times 3$ より

$$-) \begin{cases} 0.075x + 0.064y = 37 \cdots ① \\ 0.075x + 0.216y = 75 \cdots ②' \end{cases}$$
$$\overline{\qquad\quad -0.152y = -38}$$

$\therefore \quad 152y = 38000 \quad \therefore \quad y = 250 \quad x = 280$

よって，女子全員の人数は 250 人。

$\boxed{9}$ 3

解説 3つのうちの一番小さいものを $x(x > 0)$ とすると，連続した3つの正の偶数は，x，$x+2$，$x+4$ であるから，与えられた条件より，次の式が成り立つ。$x^2 + (x+2)^2 = (x+4)^2$ かっこを取って，$x^2 + x^2 + 4x + 4 = x^2 + 8x + 16$ 整理して，$x^2 - 4x - 12 = 0$ よって，$(x+2)(x-6) = 0$ よって，$x = -2, 6$ $x > 0$ だから，$x = 6$ である。したがって，3つの偶数は，6，8，10 である。このうち最も大きいものは，10 である。

演習問題

1 家から駅までの道のりは30kmである。この道のりを，初めは時速5km，途中から，時速4kmで歩いたら，所要時間は7時間であった。時速5kmで歩いた道のりとして正しいものはどれか。

　　1　8km　　　2　10km　　　3　12km　　　4　14km　　　5　15km

2 横の長さが縦の長さの2倍である長方形の厚紙がある。この厚紙の四すみから，一辺の長さが4cmの正方形を切り取って，折り曲げ，ふたのない直方体の容器を作る。その容積が64cm³のとき，もとの厚紙の縦の長さとして正しいものはどれか。

　　1　$6-2\sqrt{3}$　　　2　$6-\sqrt{3}$　　　3　$6+\sqrt{3}$　　　4　$6+2\sqrt{3}$
　　5　$6+3\sqrt{3}$

3 縦50m，横60mの長方形の土地がある。この土地に，図のような直角に交わる同じ幅の通路を作る。通路の面積を土地全体の面積の$\dfrac{1}{3}$以下にするには，通路の幅を何m以下にすればよいか。

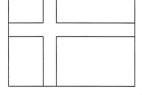

　　1　8m　　　2　8.5m　　　3　9m　　　4　10m
　　5　10.5m

4 下の図のような，曲線部分が半円で，1周の長さが240mのトラックを作る。中央の長方形ABCDの部分の面積を最大にするには，直線部分ADの長さを何mにすればよいか。次から選べ。

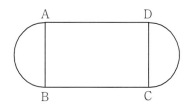

　　1　56m　　　2　58m　　　3　60m　　　4　62m　　　5　64m

$\boxed{5}$ AとBの2つのタンクがあり，Aには8m³，Bには5m³の水が入っている。Aには毎分1.2m³，Bには毎分0.5m³ずつの割合で同時に水を入れ始めると，Aの水の量がBの水の量の2倍以上になるのは何分後からか。正しいものはどれか。

  1 8分後   2 9分後   3 10分後   4 11分後   5 12分後

○○○解答・解説○○○

$\boxed{1}$ 2

解説　時速5kmで歩いた道のりを$x$kmとすると，時速4kmで歩いた道のりは，$(30-x)$ kmであり，時間＝距離÷速さ　であるから，次の式が成り立つ。

$$\frac{x}{5}+\frac{30-x}{4}=7$$

　両辺に20をかけて，$4x+5(30-x)=7\times20$

整理して，$4x+150-5x=140$

　よって，$x=10$ である。

$\boxed{2}$ 4

解説　厚紙の縦の長さを$x$cmとすると，横の長さは$2x$cmである。また，このとき，容器の底面は，縦$(x-8)$cm，横$(2x-8)$cmの長方形で，容器の高さは4cmである。

厚紙の縦，横，及び，容器の縦，横の長さは正の数であるから，

　$x>0,\ x-8>0,\ 2x-8>0$

すなわち，$x>8$……①

容器の容積が64cm³であるから，

$4(x-8)(2x-8)=64$となり，

　$(x-8)(2x-8)=16$

これより，$(x-8)(x-4)=8$

$x^2-12x+32=8$となり，$x^2-12x+24=0$

よって，$x=6\pm\sqrt{6^2-24}=6\pm\sqrt{12}=6\pm2\sqrt{3}$

このうち①を満たすものは，$x=6+2\sqrt{3}$

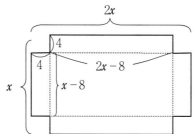

$\boxed{3}$ 4

解説 通路の幅をxmとすると，$0<x<50$……①
また，$50x+60x-x^2\leqq1000$
よって，$(x-10)(x-100)\geqq0$
したがって，$x\leqq10$，$100\leqq x$……②
①②より，$0<x\leqq10$　つまり，10m以下。

$\boxed{4}$ 3

解説 直線部分ADの長さをxmとおくと，$0<2x<240$より，
xのとる値の範囲は，$0<x<120$である。

半円の半径をrmとおくと，
$2\pi r=240-2x$より，
$$r=\frac{120}{\pi}-\frac{x}{\pi}=\frac{1}{\pi}(120-x)$$
長方形ABCDの面積をym²とすると，
$$y=2r\cdot x=2\cdot\frac{1}{\pi}(120-x)x$$
$$=-\frac{2}{\pi}(x^2-120x)$$
$$=-\frac{2}{\pi}(x-60)^2+\frac{7200}{\pi}$$

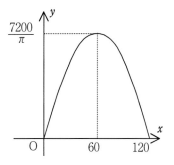

この関数のグラフは，図のようになる。yは$x=60$のとき最大となる。

$\boxed{5}$ 3

解説 x分後から2倍以上になるとすると，題意より次の不等式が成り立つ。
$$8+1.2x\geqq2(5+0.5x)$$
かっこをはずして，$8+1.2x\geqq10+x$
整理して，$0.2x\geqq2$　よって，$x\geqq10$
つまり10分後から2倍以上になる。

演習問題

1 1個のさいころを続けて3回投げるとき，目の和が偶数になるような場合は何通りあるか。正しいものを選べ。
　1　106通り　　　2　108通り　　　3　110通り　　　4　112通り
　5　115通り

2 A，B，C，D，E，Fの6人が2人のグループを3つ作るとき，AとBが同じグループになる確率はどれか。正しいものを選べ。
　1　$\dfrac{1}{6}$　　2　$\dfrac{1}{5}$　　3　$\dfrac{1}{4}$　　4　$\dfrac{1}{3}$　　5　$\dfrac{1}{2}$

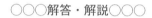

○○○解答・解説○○○

1 2

解説　和が偶数になるのは，3回とも偶数の場合と，偶数が1回で，残りの2回が奇数の場合である。さいころの目は，偶数と奇数はそれぞれ3個だから，
　（1）　3回とも偶数：$3 \times 3 \times 3 = 27$〔通り〕
　（2）　偶数が1回で，残りの2回が奇数
　　・偶数/奇数/奇数：$3 \times 3 \times 3 = 27$〔通り〕
　　・奇数/偶数/奇数：$3 \times 3 \times 3 = 27$〔通り〕
　　・奇数/奇数/偶数：$3 \times 3 \times 3 = 27$〔通り〕
したがって，合計すると，$27 + (27 \times 3) = 108$〔通り〕である。

2 2

解説　A，B，C，D，E，Fの6人が2人のグループを3つ作るときの，すべての作り方は$\dfrac{{}_6C_2 \times {}_4C_2}{3!} = 15$通り。このうち，AとBが同じグループになるグループの作り方は$\dfrac{{}_4C_2}{2!} = 3$通り。よって，求める確率は$\dfrac{3}{15} = \dfrac{1}{5}$である。

演習問題

1 次の図で，直方体ABCD－EFGHの辺 AB，BCの中点をそれぞれ M，Nとする。この直方体を3点M，F，Nを通る平面で切り，頂点B を含むほうの立体をとりさる。AD＝DC ＝8cm，AE＝6cmのとき，△MFNの 面積として正しいものはどれか。

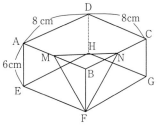

1 $3\sqrt{22}$ 〔cm²〕　　2 $4\sqrt{22}$ 〔cm²〕

3 $5\sqrt{22}$ 〔cm²〕　　4 $4\sqrt{26}$ 〔cm²〕

5 $4\sqrt{26}$ 〔cm²〕

2 右の図において，四角形ABCDは円に内 接しており，弧BC＝弧CDである。AB，AD の延長と点Cにおけるこの円の接線との交点 をそれぞれP，Qとする。AC＝4cm，CD＝ 2cm，DA＝3cmとするとき，△BPCと△ APQの面積比として正しいものはどれか。

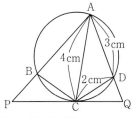

1 1：5　　2 1：6　　3 1：7　　4 2：15　　5 3：20

3 1辺の長さが15のひし形がある。その対角線の長さの差は6である。 このひし形の面積として正しいものは次のどれか。

1 208　　2 210　　3 212　　4 214　　5 216

4 右の図において，円C_1の 半径は2，円C_2の半径は5，2 円の中心間の距離はO_1O_2＝9 である。2円の共通外接線lと2 円C_1，C_2との接点をそれぞれA， Bとするとき，線分ABの長さ として正しいものは次のどれ か。

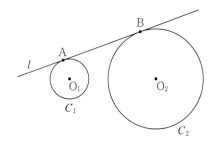

1 $3\sqrt{7}$　　2 8　　3 $6\sqrt{2}$　　4 $5\sqrt{3}$　　5 $4\sqrt{5}$

⑤ 下の図において，点Eは，平行四辺形ABCDの辺BC上の点で，AB＝AEである。また，点Fは，線分AE上の点で，∠AFD＝90°である。∠ABE＝70°のとき，∠CDFの大きさとして正しいものはどれか。

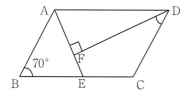

　　1　48°　　2　49°　　3　50°　　4　51°　　5　52°

⑥ 底面の円の半径が4で，母線の長さが12の直円すいがある。この円すいに内接する球の半径として正しいものは次のどれか。

　　1　$2\sqrt{2}$

　　2　3

　　3　$2\sqrt{3}$

　　4　$\dfrac{8}{3}\sqrt{2}$

　　5　$\dfrac{8}{3}\sqrt{3}$

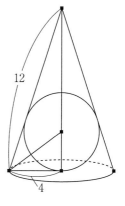

○○○解答・解説○○○

① 2

解説　△MFNはMF＝NFの二等辺三角形。MB＝$\dfrac{8}{2}$＝4，BF＝6より，

MF^2＝4^2+6^2＝52

また，MN＝$4\sqrt{2}$

FからMNに垂線FTを引くと，△MFTで三平方の定理より，

FT^2＝MF^2－MT^2＝52－$\left(\dfrac{4\sqrt{2}}{2}\right)^2$＝52－8＝44

よって，FT＝$\sqrt{44}$＝$2\sqrt{11}$

したがって，△MFN＝$\dfrac{1}{2}\cdot4\sqrt{2}\cdot2\sqrt{11}$＝$4\sqrt{22}$〔cm^2〕

$\boxed{2}$ 3

解説 ∠PBC＝∠CDA，∠PCB＝∠BAC＝∠CADから，

△BPC∽△DCA

相似比は2：3，面積比は，4：9

また，△CQD∽△AQCで，相似比は1：2，面積比は1：4

したがって，△DCA：△AQC＝3：4

よって，△BPC：△DCA：△AQC＝4：9：12

さらに，△BPC∽△CPAで，相似比1：2，面積比1：4

よって，△BPC：△APQ＝4：(16＋12)＝4：28＝1：7

$\boxed{3}$ 5

解説 対角線のうちの短い方の長さの半分の長さをxとすると，長い方の対角線の長さの半分は，$(x+3)$と表せるから，三平方の定理より次の式がなりたつ。

$$x^2 + (x+3)^2 = 15^2$$

整理して，$2x^2 + 6x - 216 = 0$　よって，$x^2 + 3x - 108 = 0$

$(x-9)(x+12)=0$より，$x=9, -12$　xは正だから，$x=9$である。

したがって，求める面積は，$4 \times \dfrac{9 \times (9+3)}{2} = 216$

$\boxed{4}$ 5

解説 円の接線と半径より
$O_1A \perp l$，$O_2B \perp l$であるから，
点O_1から線分O_2Bに垂線O_1Hを
下ろすと，四角形AO_1HBは長方
形で，

　$HB = O_1A = 2$だから，

$O_2H = 3$

△O_1O_2Hで三平方の定理より，

　$O_1H = \sqrt{9^2 - 3^2} = 6\sqrt{2}$

　　よって，$AB = O_1H = 6\sqrt{2}$

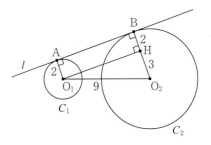

解説 ∠AEB = ∠ABE = 70°より，∠AEC = 180 − 70 = 110°
また，∠ABE + ∠ECD = 180°より，∠ECD = 110°
四角形FECDにおいて，四角形の内角の和は360°だから，
∠CDF = 360° − (90° + 110° + 110°) = 50°

6 1

解説 円すいの頂点をA，球の中心を
O，底面の円の中心をHとする。3点A, O,
Hを含む平面でこの立体を切断すると，
断面は図のような二等辺三角形とその内
接円であり，求めるものは内接円の半径
OHである。

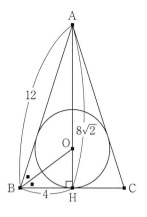

△ABHで三平方の定理より，
$$AH = \sqrt{12^2 - 4^2} = 8\sqrt{2}$$

Oは三角形ABCの内心だから，BO
は∠ABHの2等分線である。

よって，AO : OH = BA : BH = 3 : 1
$$OH = \frac{1}{4}AH = 2\sqrt{2}$$

会社別就活ハンドブックシリーズ

清水建設の
就活ハンドブック

編　者	就職活動研究会
発　行	令和6年2月25日
発行者	小貫輝雄
発行所	協同出版株式会社

〒101-0054
東京都千代田区神田錦町2-5
電話　03-3295-1341
振替　東京00190-4-94061

印刷所　協同出版・POD工場

落丁・乱丁はお取り替えいたします

●2025年度版●
会社別就活ハンドブックシリーズ
【全111点】

運　輸

東日本旅客鉄道の就活ハンドブック

東海旅客鉄道の就活ハンドブック

西日本旅客鉄道の就活ハンドブック

東京地下鉄の就活ハンドブック

小田急電鉄の就活ハンドブック

阪急阪神 HD の就活ハンドブック

商船三井の就活ハンドブック

日本郵船の就活ハンドブック

機　械

三菱重工業の就活ハンドブック

川崎重工業の就活ハンドブック

IHI の就活ハンドブック

島津製作所の就活ハンドブック

浜松ホトニクスの就活ハンドブック

村田製作所の就活ハンドブック

クボタの就活ハンドブック

金　融

三菱 UFJ 銀行の就活ハンドブック

三菱 UFJ 信託銀行の就活ハンドブック

みずほ FG の就活ハンドブック

三井住友銀行の就活ハンドブック

三井住友信託銀行の就活ハンドブック

野村證券の就活ハンドブック

りそなグループの就活ハンドブック

ふくおか FG の就活ハンドブック

日本政策投資銀行の就活ハンドブック

建設・不動産

三菱地所の就活ハンドブック

三井不動産の就活ハンドブック

積水ハウスの就活ハンドブック

大和ハウス工業の就活ハンドブック

鹿島建設の就活ハンドブック

大成建設の就活ハンドブック

清水建設の就活ハンドブック

資源・素材

旭旭化成グループの就活ハンドブック

東レの就活ハンドブック

ワコールの就活ハンドブック

関西電力の就活ハンドブック

日本製鉄の就活ハンドブック

中部電力の就活ハンドブック

九州電力の就活ハンドブック

自動車

トヨタ自動車の就活ハンドブック

デンソーの就活ハンドブック

本田技研工業の就活ハンドブック

日産自動車の就活ハンドブック

商　社

三菱商事の就活ハンドブック

伊藤忠商事の就活ハンドブック

住友商事の就活ハンドブック

双日の就活ハンドブック

丸紅の就活ハンドブック

豊田通商の就活ハンドブック

三井物産の就活ハンドブック

情報通信・IT

NTT データの就活ハンドブック

サイバーエージェントの就活ハンドブック

NTT ドコモの就活ハンドブック

LINE ヤフーの就活ハンドブック

野村総合研究所の就活ハンドブック

SCSK の就活ハンドブック

日本電信電話の就活ハンドブック

富士ソフトの就活ハンドブック

KDDI の就活ハンドブック

日本オラクルの就活ハンドブック

ソフトバンクの就活ハンドブック

GMO インターネットグループ

楽天の就活ハンドブック

オービックの就活ハンドブック

mixi の就活ハンドブック

DTS の就活ハンドブック

グリーの就活ハンドブック

TIS の就活ハンドブック

食品・飲料

サントリー HD の就活ハンドブック

日本たばこ産業 の就活ハンドブック

味の素の就活ハンドブック

日清食品グループの就活ハンドブック

キリン HD の就活ハンドブック

山崎製パンの就活ハンドブック

アサヒグループ HD の就活ハンドブック

キユーピーの就活ハンドブック

生活用品

資生堂の就活ハンドブック

武田薬品工業の就活ハンドブック

花王の就活ハンドブック

電気機器

三菱電機の就活ハンドブック	パナソニックの就活ハンドブック
ダイキン工業の就活ハンドブック	富士通の就活ハンドブック
ソニーの就活ハンドブック	キヤノンの就活ハンドブック
日立製作所の就活ハンドブック	京セラの就活ハンドブック
ＮＥＣの就活ハンドブック	オムロンの就活ハンドブック
富士フイルム HD の就活ハンドブック	キーエンスの就活ハンドブック

保　険

東京海上日動火災保険の就活ハンドブック	三井住友海上火災保険の就活ハンドブック
第一生命ホールディングスの就活ハンドブック	損保ジャパンの就活ハンドブック

メディア

日本印刷の就活ハンドブック	エイベックスの就活ハンドブック
博報堂 DY の就活ハンドブック	東宝の就活ハンドブック
TOPPAN ホールディングスの就活ハンドブック	

流通・小売

ニトリ HD の就活ハンドブック	ZOZO の就活ハンドブック
イオンの就活ハンドブック	

エンタメ・レジャー

オリエンタルランドの就活ハンドブック	任天堂の就活ハンドブック
アシックスの就活ハンドブック	カプコンの就活ハンドブック
バンダイナムコ HD の就活ハンドブック	セガサミー HD の就活ハンドブック
コナミグループの就活ハンドブック	タカラトミーの就活ハンドブック
スクウェア・エニックス HD の就活ハンドブック	

▼会社別就活ハンドブックシリーズにつきましては，協同出版のホームページからもご注文ができます。詳細は下記のサイトでご確認下さい。

https://kyodo-s.jp/examination_company